思想火炬

超越時代的知識之旅

莎翁 × 詩歌之父 × 四屆英國首相 × 發明大王 × 光之畫家

與智者同行，一場跨時代的思想盛宴！

阿爾伯特‧哈伯德 著

秦博 譯

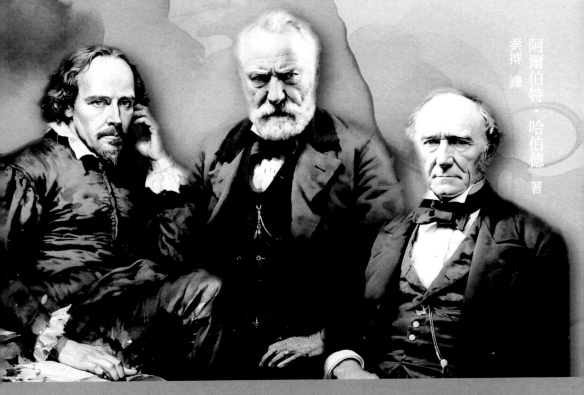

ittle Journeys to the Homes of Great Men and Women

「如果我做的好事甚微，我希望我帶來的傷害更少，
也希望我的歷險只給你們留下有趣而愉快的回憶。」

⋯⋯文學到藝術，再從科學到政治，
⋯⋯你帶往歷史的長河中，與各時代的知識巨擘共享思想

目錄

目錄

出版者言

阿爾伯特‧哈伯德已經去世，或許我們應該說，他順著他那偉大的小旅程走向了來世。然而他的智慧已在這個時代扎根、成長，永遠鮮活，為後人銘記。

為了使今天這些阿爾伯特‧哈伯德的經典之作能夠面世，我們已準備了十四年。從 1894 年，《拜訪世界名人之旅》（*Little Journeys to the Homes of the Great*）這套叢書開始寫作起，這十四年來的每個月，我們都把這些令人景仰的文字奉獻給世界，從無間斷。這些珍寶般的文字已被奉為經典，並將永世流傳。累積下來，共有一百八十篇，帶領我們造訪那些變革了時代、創造了帝國甚至打下文明烙印的人類傑出者。透過哈伯德，這些不朽的豐功偉績和燦爛思想展示在我們面前，並且將在未來世紀中不斷迴響。

普魯塔克（Plutarch）曾為希臘與羅馬名人作傳，寫下了四十六部作品，哈伯德的系列作品同樣是關於偉人們，在這個領域，他們倆都取得了無人能及的成就。這些偉大的作品，在現代文明第一縷曙光出現在地平線之前，就已奉獻給了世人。普魯塔克用一個微小的瞬間、一個簡單的詞語，或是一個無傷大雅的俏皮話，就揭示了他筆下傳主的功過是非，古典著作中沒有哪一本可以如此穿越時空，來到我們身邊，也沒有哪一本給予世界領袖人物如此重大的影響。誰能夠數清楚，有多少傳記是以這樣的方式開頭：「在他年輕時，我們的主人公總是閱讀普魯塔克的《希臘羅馬名人傳》……」愛默生曾說：「所有的歷史都很容易被分解為一些勇敢堅定、

出版者言

熱誠認真的人物的傳記。」他在說這句話的時候一定想到了普魯塔克的傳記 —— 它塑造了二十世紀這些偉人。

普魯塔克生活在聖保羅時期，他記載了早期的希臘人與羅馬人。兩千年後，哈伯德出現了，他的作品宛如一座直通古雅典的橋梁，把伯里克里斯（Pericles）的黃金時代與愛迪生的美國時代連接起來。他運用他的生花妙筆，造訪了諸多已逝的大師，並激發出如泉湧般的靈感。

休·查莫斯曾經評論道，若他要做一本關於美國的藍皮書，他可能會把阿爾伯特·哈伯德的著作表印刷出來即可。無論我們是否贊同這個權威的觀點，但這位不朽的人物在他的一生中，與任何其他美國作家相比，他那枝奇妙的筆，確實激勵了更多的出類拔萃的心靈。優秀的作家研究揣摩哈伯德的風格技巧：無數人在疲憊的工作之餘，打開他的書，尋覓智慧的火花。說實在的，此君揮舞著他的筆，如同天使揮舞著神杖。

他不僅作為一名作家顯示出讓我們讚嘆景仰的才華，在其他領域也非常出色。他一手創立的羅伊克洛夫特連鎖店，反映了美國最有能力、最敏銳的商人所能達到的成就與聲望。整個行業都將看到，哈伯德身為創立者，為羅伊克洛夫特帶來了高度原則性與系統性，從而具備了強大的實用性。這不僅能從書籍印刷中體現，更能從他傾注了心血的平臺上體現。在此，我敢說，身為一位公共演說家，他比其他同行吸引了更多的聽眾，鼓舞了更多的人。有人曾驚訝地問，這個非凡的人，從哪裡得到這麼多靈感，來完成他偉大的著作？這裡面沒有祕密。它源自他對那些卓越前人的崇敬與追隨。並且，和普魯塔克一樣，這些小傳記是作者的一樁個人收益，是他對激發出這些作品的高尚情操與靈感的一個總結。

隨著哈伯德令人悲傷的去世，東奧若拉區宣布《腓力斯人》雜誌停

刊。哈伯德已經離去，踏上了長長的旅程，也許他也需要他的《腓力斯人》伴隨他同行。再說，還有誰能接過他的筆呢？這種告別，也算晚輩對長輩最好的紀念吧。

同樣的熱忱，也促使了羅伊克洛夫特成員發行了《拜訪世界名人之旅》的紀念版。再沒有更好的方法可以貼切地表達他們對這位創立者的追思，因為這套書對他的智慧成型，有著無與倫比的影響力。如果他能回眸一看的話，必會為此點頭稱許。若需要建一座紀念館的話，不妨讓這套書造福人類吧，他一定會非常樂意與我們分享，因為，正是同樣的歷程，激發了他的靈感。

出版者言

第一章　喬治・艾略特

瑪麗・安・埃文斯 (Mary Ann Evans, 1819～1880)，英國小說家。筆名喬治・艾略特，與狄更斯、薩克萊齊名，代表作有《弗洛斯河上的磨房》、《織工馬南傳》等。艾略特年近四十才開始寫作，1859 年發表第一部長篇小說《亞當・比德》，這部小說一年內再版八次，轟動一時；1859 年以後，她發表了兩部極為成功，也是她最為著名的作品：《織工馬南傳》與《弗洛斯河上的磨坊》，從此奠定了她在英國文壇的地位。

讓我來到那純淨的天堂

伴隨其聖潔之魂靈

從那最深深的痛苦中

我

啜飲力量之杯

點燃無限激情

注入至真愛戀

綻放溫柔笑靨

讓我成為世間至善

並不斷延伸，更為濃烈

從此，

我將加入那隱祕的天使合唱

這天籟

將使世界雀躍

—— 喬治·艾略特

　　瓦立克郡為世界貢獻了威廉·莎士比亞，它同時也是瑪麗·安·埃文斯的故鄉。無人會質疑莎士比亞是英語文學領域裡最偉大的名字。而在所有活著以及逝去的作家中，在英倫三島或是外面的世界，也沒有哪位女士像喬治·艾略特那樣精妙洞察，能展示出微妙內心的暗流湧動、激情澎湃、矛盾交織、人性沉淪與可悲可嘆。

　　莎士比亞生活在三百年前，據記載，他的父親在 1563 年買下了亨利街的一套房子，這條街在艾佛河邊的斯特拉福德。對這位生活在三百年前的文豪，我們只能推斷他誕生於此。而且我們已經知道，此人掌握了當時

所有的科學知識，並對所有的學術領域都了解深刻。他顯然通曉五門語言，並且知識範圍是全球性的。但他從哪裡得到如此廣博的學識？我們無從知曉。

但喬治‧艾略特的時代就在昨天，而我們對她年輕時候的了解，並不比對瓦立克郡的另一位居民知道得更多。

一位傳記作者說她出生在 1819 年，另一位則說是 1820 年，但誰也沒給出具體的日期。另一方面，最近某作者在他的作品中，卻大方地給了我們一個有用的資訊，「威廉‧莎士比亞出生於 1563 年 4 月 21 日，一個暴風雨凌晨的兩點十五分」。

與對莎士比亞生平的窮追不捨相比，沒人關心喬治‧艾略特的孩提時代，甚至她的出身也模糊不清。據 1880 年一本權威性不低於《美國百科全書年鑑》的書說，她壓根不是個棄兒，更沒有被一個富有的退休牧師領養，從而有了非凡的學生生活。可是作者忽然又變得口齒不清，只是反覆嘮叨這些，而且承認不知道她是在哪裡受的教育 —— 不管怎樣，我們還是要謝謝他。

莎士比亞留下了五個簽名，每個的寫法都不一樣。現在有一幫出色的學者，經研究後宣布莎士比亞就是培根。

正如我們不清楚喬治的真名，到底是瑪麗‧安‧埃文斯，還是瑪麗‧安妮‧埃文斯，或是瑪利亞‧埃文斯一樣，威廉‧溫特 —— 名溫文爾雅的評論家、詩人和學者 —— 向我們宣布，十四行詩證明了莎士比亞道德紀錄上的汙點。如果我沒記錯的話，以慈善為名的美國婦女縫紉小組，也曾這麼暗示過喬治‧艾略特來著。其實，這兩人都在倫敦發現了讓天才之花開放的陽光雨露，早期作品均匿名出版，而最終他們都將才華轉換成了

財富 —— 他們過世的時候，都已身家豐厚。

戈黛娃夫人[001] 騎馬穿過柯芬特里的街道 —— 我是步行，而且一直從斯特拉德福德走過來，路過瓦立克郡和肯尼渥斯[002]。

我在城堡入口對面那稀奇古怪又挺精巧的客棧過夜。好心的女房東讓我住進了華特・司各特爵士[003] 住過的那間房，當時他來到這裡並寫下了《肯尼渥斯》的第一章。

可愛的小房間裡裝點著漂亮的白棉布窗簾，藍色緞帶鑲邊，鏡子周圍也是同樣的裝飾。床是那種巨大的、帶遮蓬的 —— 我得站在一把椅子上，才能一頭栽進柔軟如羽毛的被窩深處 —— 切都非常乾淨整潔，考究的亞麻布散發著熏衣草的芳香。我只朝窗口外望了長滿常春藤的古堡一眼 —— 它被升起的月亮照得銀光閃耀 —— 之後就陷入了沉沉夢鄉。

我夢見我與莎士比亞、華特・司各特爵士（Sir Walter Scott）、瑪麗・安・埃文斯，還有一個我打小就知道的名叫比爾・赫西的少年，一起在肯尼渥斯堡玩捉迷藏。我們互相追逐，穿越吊橋、閘門，沿著光滑的石板路進入主樓，或繞著壕溝，登上石階直到樓頂。最後莎士比亞被抓住，但他生氣了，不肯再玩。華特・司各特說「這不公平」，比爾・赫西則惡狠狠地把中指關節按得劈啪響，自告奮勇要「幹」掉那個來自斯特拉德福德的小子。然後瑪麗・埃文斯過來，迅速平息了可能發生的風暴 —— 如果不是房東闖進門問我是不是叫她了，真不知道接下來會發生什麼。我迷糊了一會兒，為夢中的大喊大叫感到羞愧。我發現已是早晨：「別，別把那個倒

---

[001] 戈黛娃夫人（Lady Godiva, 約 990～1067），是一名英格蘭盎格魯－薩克遜的貴族婦女。傳說她為了爭取減免丈夫強加於市民們的重稅，裸體騎馬繞行柯芬特里的大街。

[002] 肯尼渥斯城堡建於 1120 年，在華特・司各特爵士的小說《肯尼渥斯》中被提及，伊利莎白女王一世（Elizabeth I）將這個城堡給了她的寵臣萊斯特伯爵羅伯特・都德利（Robert Dudley）。

[003] 華特・司各特爵士（Sir Walter Scott, 1771～1832）：英國的民謠家和歷史小說家。他的作品包括《威弗利》和《艾凡赫》。

了，那是我的剃鬚水，謝謝。」

吃過早餐，房東的兒子開價五個先令，帶我坐驢車去喬治‧艾略特的出生地。他解釋說那房子得往北走七英里，但俗話說巴蘭的快騎跑不快 [004]，因此我決定自己走過去。在柯芬特里，一輛出租馬車車夫做過類似的提議，不過他說那地方是在肯尼渥斯附近，得花十二先令。坐車遊覽肯尼渥斯的好處是，可以一邊遊覽一邊讓思緒飛揚，但我是決計不聽莎琳 [005] 的歌聲的。我在旅館享用了一頓不錯的午餐，然後問經理他是否知道喬治‧艾略特出生的地方，他搖搖頭，不過說可以帶我參觀艾略特一家居住過的街角。

然後我走進了紐尼頓，感覺相當不錯，路過一些精巧的老房子，有的是茅草頂，有的是瓦屋頂 —— 玫瑰從門邊攀爬出來，籬笆牆開著白色的山楂花。

偶爾，我會碰上一輛農夫的大車，由那種高貴、肥大、溫順的夏爾馬拖著，跟喬治‧艾略特描寫的一模一樣。一切都彌漫著平和富饒、安靜悠閒的氣息。在我去村莊的路上，到處是綠色的田地、野花、百靈鳥的鳴唱，以及陽光、垂到水面的垂柳和古老的拱石橋 —— 所有的這些，我都已經在《弗洛斯河上的磨坊》中感受過了。

我找到了傳說中的這位小說家的出生地，那是一座樸素的、刷著白石灰的石頭房子，有兩百多年歷史了。有兩層樓，二樓的房間比較低，有三角裝飾的窗戶。旁邊的小花園鮮花盛開，甜牛蒡和洋蔥、甜菜一起生長，到處是謙恭簡樸和家居細心的氛圍。門前有一株大栗子樹，路邊則是兩棵

---

[004] 巴蘭為《聖經》中的人物。《聖經》中稱，巴蘭在一次出行時，神遣天使持刀將他攔阻於途中，巴蘭看不見天使，但他騎著的驢子卻看得清楚。巴蘭不明白為何驢子拒不前行，遂鞭打驢子；在巴蘭的抽打下，驢子竟口吐人言，埋怨巴蘭的暴戾。

[005] 傳說中半人半鳥的海妖，常用歌聲誘惑過路的航海者而使航船觸礁毀滅。

古老的榆樹，漂亮的鳥兒在上面做了窩。

　　就在這裡，母親過世後，剛步出兒童時代的瑪麗‧安‧埃文斯，便擔任起了女管家的角色。那時她身材高䠷，神情溫順，一點也談不上強壯。她做飯、擦地、洗衣，照顧自己和兄弟姐妹。她的父親是個木匠，為富有的地主工作 —— 作為一個嚴厲的人，他有條理、認真、勤勉、慎重。在旅行中他會帶上這位個子高䠷、眼窩深陷的女兒，跟她說一些外面世界的美妙事情。很快，她就成長為一個大人，與慈父的一些信仰和意見發生了分歧，這深深地傷了他的心。而女兒為了減緩他的失望而對他的額外關心，只能讓他更加難過。在喬治‧艾略特的許多作品中，流露出一種柔軟和壓抑的悲傷，也許這就是原因。

　　當瑪麗‧安‧埃文斯長大成人之後，她父親把家搬到了附近的柯芬特里。在那裡，充滿抱負的女孩第一次在她對智慧的渴望中找到了友誼。她結識了一些比她年長的男女，都是些活潑和誠摯的思考者。他們一起閱讀、討論，然後說出自己認定的真理。在柯芬特里的八年時光，一個笨拙的鄉村女孩，變成了一個見識高遠、目標明確的女人。她對所有的科學和哲學都有所涉獵，並且精通德語和法語。她是如何獲得這些知識的？有什麼教育不是透過渴望才得到的呢？

　　她已經把施特勞斯的《耶穌的生命》，用一種作者可以接受的方式翻譯了過來。當拉爾夫‧愛默生來到柯芬特里講學，他發現自己和埃文斯小姐相處得非常快樂。她的話語才氣洋溢，讓老哲學家非常欣賞。而且，當她挑戰他文章某段中的智慧時，這位和藹的老人轉過來，笑著說自己可能從前忽略了這一點，也許她是對的。

　　愛默生問：「你最喜歡哪本書？」

瑪麗立刻回答：「盧梭的《懺悔錄》。」

這也是愛默生最喜愛的書，不過一個年輕女孩也坦承鍾愛此書，那可有點怪。

柯芬特里的埃文斯小姐，就這樣給愛默生先生留下了不可磨滅的印象。十年後，當一個狂熱的評論家聲稱，喬治‧艾略特是整個英格蘭最偉大的小說家時，這位溫文爾雅的老聖賢發出的回應類似於：「我早告訴你了。」

埃文斯小姐時常和她柯芬特里的朋友造訪倫敦，當她 28 歲再次訪問倫敦回來後，身心疲憊，寫下女性最普通的願望：「我唯一熱切的盼望是，找到一個能讓我履行女人職責的人，能讓我為他全身心奉獻、帶給他純粹與安寧的快樂。」

但此時她父親去世，家裡收入拮据，她不得不靠翻譯為生，也試過給雜誌社投稿，但被婉言謝絕。

一份來自《威斯敏斯特評論》的任副主編的工作邀請，使瑪麗的生活發生了轉機。這份工作很穩定，收入也不錯。更重要的是，這是她理想的職業。她來到倫敦，租了她上司查普曼先生的一間房子。在這，她有機會結識許多才華橫溢的人物：卡萊爾（Thomas Carlyle）和他的「珍妮‧威爾士」、馬丁‧尼奧斯家族、戈羅特、彌爾夫婦、赫胥黎（Aldous Huxley）、馬齊尼、路易‧布朗（Louis Blanc）等。除了這些人之外，有兩個年輕人，在我們總結她的天才受誰影響的時候，是絕不應該忽略的。

她曾被赫伯特‧史賓賽[006]吸引過。他和她年紀相當，他們彼此相互吸引和讚賞。埃文斯小姐在 1852 年寫給朋友的信中這樣說道：「史賓賽很讓

---

[006] 赫伯特‧史賓賽（Herbert Spencer, 1820 ～ 1903）：英國哲學家。他試圖在其系列論著《合成哲學》中將進化論運用於哲學及倫理學。

人親近。和他相處總是很開心，每次和他見面後都會感覺更好一些。我們都覺得沒什麼不能讓我們更經常地見面，只要想見就可以。」後來，她進一步寫道，「我生命中的亮色，在孩提時代的夥伴之後，再一次因為和赫伯特・史賓賽的友誼而煥發出來。我們每天都見面，幾乎每件事都分享到彼此之間愉快的同志情誼。如果不是有他，我的生活肯定無聊沉悶到了極點。」

但是此刻另一個男人出現了。如果不是這個人的話 —— 他還是由史賓賽介紹給埃文斯認識的 —— 作為《哲學綜論》作者的史賓賽，如今就不會在傳記辭典裡被提到說「他和科學結了婚」。

一開始並不是一見鍾情，因為喬治・路易斯（George Lewes）和埃文斯小姐第一次見面，就留下了極為不好的印象。他身材矮小，神態平庸，鬍子亂糟糟的，像個無政府主義者，還有一口爛牙。他的個人習慣很難說讓人愉快。狄更斯說，正因為他有這些毛病，他第一個太太拋棄了他，甚至最後他因此而心智錯亂。

但路易斯有顆燦爛奪目的心。他是個語言學家、科學家、小說家、詩人和智者；他寫過傳記、哲學著作，還有一個劇本；他做過專欄記者、演說家甚至演員。薩克萊（William Thackeray）放言說，就算看見路易斯騎著大白象走過倫敦繁華的皮卡迪利大街，他也不會奇怪。

與埃文斯小姐會面幾次之後，路易斯先生發現她內心像有一片沉靜的湖水，並邀請她為他做校對。她答應了，並漸漸發現他作品中的卓越價值。她的校對工作越做越深入。你知道，當女人開始全心幫助男人的時候，雷池就開始跨越了。親近的朋友們發現，跟吉普賽人一樣邋遢的路易斯開始改變 —— 他修齊了鬍鬚，梳理了頭髮，亮黃色的領帶變成了整

潔的煙灰色，甚至有時候他還給靴子刷了油。在 1854 年 7 月，查普曼先生接到了他副主編的辭職信，埃文斯小姐跟她一些最重要的閨中密友放風說，她從此要準備做路易斯太太了。那年她三十六歲。

這對伉儷就此消失，後來人們知道他們去了德國。

許多人為他們的婚姻感到震驚，有的人則說：「我們一早就知道了。」當赫伯特·史賓賽得知這一事情後，驚呼了一聲「仁慈的上帝啊！」，就再也不發一言。

在遊歷了魏瑪和其他文學中心六個月後，路易斯夫婦回到英格蘭，開始在理查蒙德安家落戶。任何一個登門拜訪的人都看得出來，他們過得是如何拮据和樸素。但他們工作很努力，此時，未來小說家的願望似乎只是幫助她的丈夫。沒人可以否認，是她開發出了丈夫個性中的男人氣概。他們過著非常快樂的生活，兩人一起寫作研究，你耕田來我織布。

三年過去了，路易斯夫人寫信給朋友說：「我非常快樂，因為得到了生活所能給予的最大快樂而快樂 —— 對一個男人全身心地關注與愛護，而他的精神激勵我健康成長。」

路易斯先生知道自己合作者的偉大，但她自己不甚明瞭。他一直鼓勵她寫個故事，而她則一直猶豫，最後終於嘗試了一次。他們一起閱讀了第一章，兩人都淚如雨下。她繼續寫下去，總是在臨睡前給丈夫朗讀自己剛寫的篇章。他則校對文字，鼓勵妻子，並努力為她找到了一個出版商。不過，我幹麼要在這裡談這些？在《大不列顛百科全書》中都有記載 —— 她作品中的柔美和同情，是如何打動了高貴和卑微的讀者，她又是如何因此生活日漸優越。這本書使她獲得了相當於四萬美元的版稅，而自從財神對她微笑之後，她每年的收入都不少於一萬元。

路易斯是她的書記、保護者、奴隸以及她的靈感。他總是不讓社交活動偷去她的時間，並且在她的要求下，將所有的評論 —— 不論好壞 —— 都遮擋出她的視線，為她謝絕採訪者、八卦好奇者以及貪婪的金融家。

為什麼她一開始寫作就採用筆名，這個原因顯而易見。在宏大浮華的現實世界裡她既不是埃文斯小姐，也不是路易斯太太，所以她把這些真實的名字隱藏起來，採用了一個男人的名字作為筆名，希望可以躲避現實的包袱。

當《亞當‧彼德》面世後，一個紐尼頓的居民買了一本，並立刻發現了當地的印記。場景、野花、石牆、拱橋、糧倉以及人物，都屬於紐尼頓。誰寫的呢？不知道，但肯定是在紐尼頓長大的。所以當地人選擇了里吉斯先生 —— 個面貌莊嚴，總是做好事的牧師 —— 來稱呼作者。很快整個倫敦都談論著「里吉斯」。至於這個里吉斯的長相嘛，他應該看上去很睿智，總是洞察一切地微笑著。然後期刊雜誌上出現了聲稱是《亞當‧彼德》作者寫的文章，一本叫做《亞當‧彼德二世》的書出版了 —— 為了保護她的出版商，澄清大眾的流言，也為了保護她自己，喬治‧艾略特不得不公開了自己的身分。

很多人寫了好小說卻默默無聞，但很少一些人，如紐尼頓的里吉斯，什麼都沒做就出名了。這只能說，這世上什麼事情都可能發生。莎士比亞寫作時，心裡就想著這樣的人，「總有一些人，隨便做了點什麼，卻被認作是帶著智慧高貴、或者深奧的用意」。

阿克頓爵士（1st Baron Acton）在《十九世紀》發表的一篇著名文章中作出如下陳述：

「喬治‧艾略特為和路易斯在一起的快樂生活，付出了高昂的代價。

她喪失了自由說話的權利，忘記為英國婦女爭取一席之地，以及放棄了自己在西敏寺名人墓地的一個棲息之所。」手稿《亞當・彼德》的獻辭如是說：

「給我親愛的丈夫，喬治・路易斯。若不是他帶給我生命中的愛，這份手稿將不會出現。」

當然，阿克頓爵士肯定認為如果埃文斯小姐沒有遇上路易斯先生，這本書也會寫出來，只是獻辭會寫成給其他的某某。

從前有個小孩叫羅莫拉，有天她坐在父親膝蓋上的時候，問她父親：「爸爸，如果你和媽媽沒有相遇，那麼誰會來照顧我，給我洗澡，晚上把我抱到床上？」

我在瓦立克郡的那些日子非常愉快。

鄉村的寧靜優美和居民的謙恭讓我印象深刻。沉浸在喬治・艾略特童年的場景之中，我渴望見到她度過生命最後時光的地方。那是一個風和日麗的五月天，我坐小火車從倫敦橋去切爾西。

一陣鳥鳴從陰暗的磚樓裡傳來 —— 當年透納就是在這裡故去的。從那幢卡萊爾的老屋過去兩個路口，就是切納步行街 —— 一條面對河水的寬闊馬路。路邊的房子很舊，但無一不呈現出高雅的面貌，從骨子裡透著閒適和富足。門前有高大的鐵欄，但它們不會阻擋我欣賞門窗下攀爬的鐵線蓮和茂盛的玫瑰花叢。

我在切納步行街四號的門口停住，敬畏地端詳了一會兒那些美麗的花 —— 它們的排列是那麼漫不經心，又如此充滿藝術感。然後，我按下了門鈴 —— 一個光滑細小的旋鈕。

不久，一個趾高氣揚的管家打開了門，他高大而威嚴，絡腮鬍子，穿

著極深的黑色衣服。他走下樓梯，上下仔細打量我，彷彿在判斷我要推銷什麼樣的陶器。

「喬治・艾略特是不是曾住在這裡？」我隔著欄杆問。

「克洛斯太太[007]一直住在這裡，直到她逝世，先生。」他的回答莊重，隱隱有責備的意思。

「對，對，我就是說克洛斯太太。」我趕緊小心地補充，「我只是想看看她曾經打理過的小花園。」

他僵硬的臉鬆弛了下來，他打開門，說：「我們有很多好奇的訪客，非常煩人，先生。不過，我總是能夠一眼看出真正的紳士。也許你還想參觀房子，先生。雖然女主人一般不大喜歡別人進入房間，但是請把你的名片給我吧，先生。」

我把名片給他，並在他給我一把椅子時，偷偷塞了一先令在他手裡。

他走上樓消失不見，不過很快就回來了，帶來了期待中的回答，我可以參觀整幢房子以及小花園。所以我也原諒了他用女主人做擋箭牌，因為我恰巧知道她現在去了六英里以外的布萊頓。

這是一幢非常漂亮和舒適的房子，有四層樓，保養得很好，餐廳和玄關有許多雕刻精細的古老橡木裝飾。獨特的老派欄杆，二樓後面還有一個罕見的凸窗可以俯瞰小花園。往北遠眺，可看見肯星頓花園的綠色和海德公園微微起伏的波浪。這是喬治・艾略特的工作室。房間中央有一個桌子，上面有三個矮書架，都被裝飾得很漂亮。凸窗那裡，是整個房間最顯眼的物品 —— 尊大理石精工雕刻的歌德半胸像。我敢肯定這是克洛斯太太的藏品，那些書和傢俱也是。角落裡有一個旋轉架子，擺放了一套《世

---

[007] 喬治・艾略特後來跟比自己年輕二十歲的約翰・克洛斯結婚，故管家要這樣稱呼她。

紀大字典》，管家很確定地說，那是克洛斯先生在他太太過世前不久買給她的禮物。這稍稍動搖了我之前的自信，讓我有些鬱悶。

在前廳，我看到了舊主人的一幅肖像畫，就是那個人稱「長了張馬臉」的人。但像馬總比像其他動物的臉好吧，肯定沒人願意長張狗臉！莎士比亞討厭狗，但在他的劇本裡，四十八次用尊敬和喜愛的口吻提到馬。其實你要說誰長得像羊或者牛，對方也不會怎麼不高興 —— 但你要說他長得像驢，那就有得瞧了 —— 不過長得像馬嘛⋯⋯上帝保佑您，多不錯啊！

從來沒人說過喬治・艾略特有張漂亮的臉蛋，但是這張畫像告訴我們一個五十歲婦人的神情：安靜、溫柔，清晰地顯示著一個可以信賴的靈魂。

在海格特墓地，路易斯墳塋的旁邊，安息著這個偉大和讓人欽慕的婦人。當仰慕者進入這個著名的舊公墓，第一個映入眼簾的是非常罕見和昂貴的斑岩尖頂。當你走近，你會讀到這段碑文：

懷念
安・傑森・克里斯
於 1889 年 1 月 20 日
讓人悲傷地離開這個世界
還有
她名叫君主的愛犬。

在這些柔情蜜意的言辭下面是一個淺浮雕，就是那個看上去凶巴巴又膽怯，肯定一直逃避登記狗牌的醜八怪。

順著道路往前走，越過剛才這塊墓碑，好心的老園丁會指給你那個小

小的灰色花崗岩圓柱，它在那群自命不凡的墓碑中間巋然不動 —— 你慢慢讀出上面雕刻著的小字：

> 與那些永生的不朽先人同在
> 與因為他們而更加美好的心靈同在
> 而這裡長眠著她的身軀
> 喬治・艾略特（瑪麗・安・埃文斯）
> 生於 1819 年 11 月 22 日
> 逝於 1880 年 12 月 22 日

第二章　湯瑪斯・卡萊爾

　　湯瑪斯・卡萊爾（Thomas Carlyle, 1795～1881），蘇格蘭評論家、諷刺作家、歷史學家。他的作品在維多利亞時代頗有影響力，被尊為「切爾西的聖哲」（切爾西是英國倫敦文人名士聚居的地方）。他的一生著述甚豐，散文、評論、歷史、社會批評無不涉獵，借古諷今，針砭時弊，是一位極為關注社會現實的作家。主要作品有《法國革命》、《論英雄、英雄崇拜和歷史上的英雄業績》、《過去與現在》等。

讓人寬慰的是，無論在哪方面，偉人都是對你有用的良師益友。就算不夠全面，我們在仰望偉人時都不可能毫無收穫。他是生命的活泉，在他周圍是讓人喜悅的，任何情況下你都無法不被他所感染。

—— 湯瑪斯・卡萊爾

當我前往當佛萊斯時，我在格萊納格林停留了一晚 —— 這個地方，只要是仙女都知道，是在和英格蘭交界的蘇格蘭旁邊。

讓我高興的是，格萊納格林不僅僅是一個我路過的地方而已。就在我到達的當晚，一對滿臉通紅的年輕人衝進客棧，要求見一見「牧師」。新娘是一小矮個子，而跟她私奔的情郎則比我毫無道理的想像要年長幾歲，不過我沒什麼可抱怨的。

房東的兒子立刻出發，前往街角的教區長管區，很快就來了一位讓人尊敬的牧師。

在小小的喜宴客廳裡，我是個不速之客，不過沒人注意到我穿著騎自行車的運動裝作為參加婚禮的禮服，我也沒打算讓他們注意。

儀式結束後，其他幾個目擊者列隊通過快樂的新人，祝賀他們，並且親吻新娘。

我依樣畫葫蘆，卻被新人們響亮的回吻給嚇了一跳，不過我強自鎮定下來，問他們：「你們是私奔的嗎？」

「不！」新郎說，「不，不，就是一個婚禮而已 —— 我們從艾克拉芬漢過來。」接著，他壓低聲音，神祕地耳語說，「我們明天就回去。這樣比辦一個盛大鋪張的婚禮節省多了。」

這個回答驅散了我腦海中所有多愁善感的胡思亂想，以及一個哀婉動人的愛情故事的腹稿，不過我還是記住了他們家鄉的名字。

「艾克拉芬漢？艾克拉芬漢？那不是卡萊爾出生的地方嗎？」

「是的，先生，而且他也安葬在那裡。他是一個偉大的人——不過卻是個異教徒。」

離格萊納格林十英里的地方，就是艾克拉芬漢——一個小村鎮，一條街兩邊都是灰泥抹的房子。單調、普通、多石、平庸，就是那個地方的風貌。卡萊爾就出生在這樣一幢單調、普通、平庸的小房子裡。一個好心的老婦人帶著參觀者一個房間一個房間地轉，同時給一點解說。她的口音混雜著蓋爾語和英語，我很難聽懂她在說些什麼。一些著名的遺跡展示了出來。雖然這個房子和鄰近的房子幾乎完全一樣，我的想像卻給了它玫瑰色的夢幻花環。

記載上說，直到卡萊爾結婚之前，他「最快樂的時光就是和媽媽一起安靜地抽菸斗」。

很少有人會覺得這是一種上天賜予的幸福時光。但對於那些在幽靜的蘇格蘭小房子路邊吃燕麥粥的人，或者喜歡在「雇工週六之夜」酒吧閒逛的人來說，這是如畫一般憂傷柔美的一刻：石板地、光光的白石灰牆、壁爐裡悶燒著的泥煤塊——它的氣味一縷縷繚繞在頭頂的椽子上，母子倆坐在那裡，慢慢添煤——一言不發。女人從一堆柴火中挑出根小樹枝，伸進爐中點燃它，然後點著自己的煙斗，輕輕抽幾口，接著把火遞給兒子。他們用低低的聲音交談，那是一種人與人之間以及人與神之間全然信賴的口吻。

正是母親點燃了卡萊爾的雄心，他從母親那裡繼承了智慧的基因，使得自己名聲大噪。

雖然這個女人在她的長子離開家鄉遠走高飛前，幾乎不會閱讀，更

不會寫作，但她卻削尖了一根灰色的鵝毛翎，耐心和長久地練習這個工具（據說這個小東西比劍還銳利有用），蘸著她自己混合的墨水 —— 給自己的兒子寫起了信。那些信，我們今天讀來，是多麼的甜蜜、親切和充滿愛意！

詹姆斯‧卡萊爾用他自己的雙手，在 1790 年代，在艾克拉芬漢蓋起了這座房子。同年，他和一個非常出色的女人結了婚，她是他的一個遠房表親，名字是珍妮特‧卡萊爾。她只和他共度了一年就去世了。可憐的丈夫悲痛欲絕，和許多之前和之後的男人做的那樣，他宣稱他的悲傷難以彌合，發誓有生之年要孤獨其身，以待終老。

不過，幸虧他自己違背了誓言。

不到兩年他就娶了瑪格麗特‧埃特肯 —— 個女傭人。她給他生了九個孩子，湯瑪斯是長子，只有他背叛了祖先篤信的宗教。

湯瑪斯的一個兄弟移民到密西根州的史瓦西郡，幾年前我很高興地拜訪了他。他是一個無懈可擊的男人：明智、熱心、誠實，鬍鬚短粗，口音濃重。他掌管著學校理事辦公室。人們告訴我他忠誠地服務社區，工作很好。

這個富裕的紳士對他的兄弟「塔馬斯」[008] 的文學名聲興趣不大，卻給他寫了兩封長信，對他宗教信仰上的奇異觀點進行勸誡。「我知道沒什麼用，」他有些悲傷地說，然後離兄弟而去。

我試圖詢問鄰居們對湯瑪斯‧卡萊爾的看法，但他們似乎都想不起他是誰，我只好翻身上馬，絕塵而去。

湯瑪斯‧卡萊爾是在教會受的教育，這也許是讓他父母傷心的緣由，

---

[008]　這裡的「塔馬斯」，是指發言者口音的效果。

因為他竟然不肯接受教會的信仰。雖然他被稱為英格蘭主要的哲學家，但他幾乎沒有訂下什麼信條，也沒有創造出一條信條。儘管如此，在《現代手冊》中，他參與了關於牲畜起源的部分問答集。他覺得心懷高級倫理力量潛質的豬們都有「信仰」，由於牠們無法表達，因此他就來替牠們說話。

以下就是現代之豬的兄弟[009]表述的牠們的信仰原理。

問：「誰創造了豬？」

答：「殺豬的。」

問：「豬的最終神聖使命是什麼？」

答：「為了創造豬的世界大同。豬們的神聖使命，在任何時候，都是消滅可以得到的泔水，而增加無法企及的泔水。這就是豬的最終職責。」

問：「什麼是豬的詩意？」

答：「就是對豬在泥塘打滾和大麥粉的普世認同，以及豬槽井井有條和充滿食料這樣一種幸福。」

問：「什麼是豬世界的正義？」

答：「由於豬多愁善感的天性，有時候會有復仇或義憤等諸如此類的情緒。因此如果一頭豬被激怒了，其他的就會陸續憤怒起來，並且多多少少帶有毀壞性的舉止。因此律法是必要的 —— 多得出奇的律法 —— 規定了什麼是豬不能做的。」

問：「什麼是公平？」

答：「公平包括了從普世豬槽中取得你的那份，以及別人的。」

問：「什麼是『你的那份』？」

[009] 這裡指湯瑪斯·卡萊爾。

答：「我的那份就是我盡可能多地攫取到的泔水，但又不至於讓我變成臘肉。」

我對這個小小的選摘做了輕微的刪減，把它放在這裡，顯示一下卡萊爾先生對這種笨畜生的同情。

一個美國名人，在不久前的一次演講中說：「偉大的主，是透過蘇格蘭的禮節、蘇格蘭的宗教，以及蘇格蘭威士卡，將我們引領過來的！」

我對這三樣東西都接觸不多，而蘇格蘭禮節倒讓我想到毛栗子——外表不怎麼樣，但內容不錯。當你接觸到和沙粒一般粗糙的表面後，你通常會發現一顆溫暖柔善和慷慨的心。

蘇格蘭的宗教信仰不過是另一個毛栗子，但你沒必要非吞下那個刺毛的外殼不可，如果你內心實在不願意的話。不管怎麼說，如果忠誠是基本價值之一，那麼維多利亞（Queen Victoria）——大不列顛的女王和印度的君主——就是長老會成員了。我是說，她有一半的時候是長老會的——當她在蘇格蘭的時候，她是蘇格蘭教會的首領；當然，在英格蘭的時候，她就屬於聖公會範疇了。我們常常被教導說，宗教很大程度上是地理上的事情，這也許就是一個類似的證據。

至於蘇格蘭威士卡，我就沒什麼發言權了，那是一個屬於專家研究的領域。但一個跟我關係很要好的肯塔基陸軍上校宣稱，那東西跟藍草音樂[010] 沒法比，雖然我仍然相信每個人都不能對此有偏見。

但蘇格蘭的氣質，是值得我們嚴肅考慮的。這是一片不羈、多石的土地，朝水中伸展出去，面對洶湧的未知之海絕不屈服。武斷？是的。頑固？差不多。自豪？那簡直是肯定和確定的——每年來伯恩斯[011] 墓

---

[010] 用非電聲弦演奏的肯塔基鄉村音樂。

[011] 勞勃‧伯恩斯（Robert Burns, 1759～1796）：蘇格蘭詩人。

前的朝觀者，是去瞻仰莎士比亞的人的兩倍。巴克爾聲稱，亞當·史密斯（Adam Smith）的《國富論》對文明的影響，比其他任何出版的書籍都要大 —— 這有什麼用呢？蘇格蘭人對於卡萊爾的平均了解，比美國人對愛默生的平均了解多多了，事實上，卡萊爾出版的書的數量是愛默生的四倍。

當卡萊爾有時間把他笨重龐大的智力機器對準某個主題的時候，他看得深而又深。他生動鮮明的想像力，讓我們可以深入了解過去的久遠時光，展現那個時代真正的美德，彰顯那個時代本質的惡行，他塑造了那個時代。在歷史的長河中，他跨越了政治和傳統的局限 —— 展示給我們真正的思考、希望、恐懼，以及靈魂的激情。

他的心靈本質上是陽剛的，他的篇章中散落的語言和微妙的直覺，如同大草原泥濘的沼澤地裡生長的紫羅蘭 —— 所有這些甜美芳香的氣息都來自他的妻子。她給予了他最好的思想，而他貪婪地吸取著，並不知不覺中作為自己的文字寫了下來。

許多人為此指責和痛斥他，寫下洋洋長篇來顯示他對那位溫柔婦人的毫不顧及 —— 而她是他才智上的志同道合者。但是這些人並不知道生活真實的樣子。

確實，卡萊爾從未有過對珍妮柔情萬種的舉動，殷勤地為她拾起飄落的手帕。我得承認他根本不會優雅地鞠躬，也沒有唱男高音的才能，不會跳華爾滋，不會講有趣的故事，更不會彈手風琴。如果我是他的鄰居，我也不會試圖教他這些才藝。

有一次他帶著妻子上劇院，在演出結束後他不小心和太太在人群中走散了，結果就一個人走回家，然後上床睡覺，把太太給忘了個一乾二

淨 —— 但即便這樣我也不會控訴他。卡萊爾太太從未因為他的健忘責備他，也不會把這些意外和子虛烏有的人連繫起來，因此我要對她虔誠地脫帽致敬。

珍妮有能力忍受痛苦，所有偉大的靈魂都有這種能力，她忍受痛苦 —— 但忍受從此不再是全然的忍受，而痛苦也不再是全然的痛苦。

生活常常充滿黑暗，但烏雲中總有縫隙讓我們看見深邃美麗的藍天。每天，鳥兒都會在枝頭歌唱，而樹梢會寧靜、有節奏地前後搖動；每小時，希望都來帶著我們振翅高飛，如同雄鷹引導著牠的兒女。即便在一年將盡、霜凍要來的時候，樹葉都會展現絢爛的色彩，讓春天的花瓣都黯然失色。

我知道卡萊爾夫婦非常快樂地生活在一起，甚至因為喜悅而歡笑哭泣。珍妮奉獻了自己的一切，她也看到自己最好的思想被認知和使用 —— 被另一個人當做自己的東西寫下，獻給了全世界而傳播得更遠 —— 但她從未表示過抗議。

贊西佩[012] 之所以在青史留名，僅僅因為她是一個偉大哲學家的絆腳石；我們記住了希律王的女兒，不過是因為她要求得到一個好人的頭顱（而不是他的心）；貢納莉[013] 和雷根則是因為他們為了自己枯萎乾癟的靈魂出賣了他們的國王；馬克白夫人是因為她引誘臣屬弒君；夏洛特・科黛[014] 是因為她刺出的匕首；路克雷西亞・波齊亞是因為她的毒藥；撒菲拉是因為她的謊言；雅億[015] 是因為她用生鏽的尖頭，刺穿了西西拉的大腦（她為

---

[012] 贊西佩（Xanthippe）：蘇格拉底的妻子，以潑悍著稱。
[013] 貢納莉：莎士比亞戲劇《李爾王》中李爾的長女，是冷酷和不孝的典型。
[014] 夏洛特・科黛（Charlotte Corday, 1768 ～ 1798）：法國革命女英雄。因 1793 年刺殺尚・保羅・馬拉而被送上斷頭臺。
[015] 雅億：《聖經》中的人物。

什麼不會用自己的思想來刺穿別人的大腦呢）；黛莉拉 [016] 是因為她剝奪了參孫的力量源泉；而在 1895 年五月號的《威斯敏斯特評論》中，奧億達做了一個無聊的宣示，說每個被女人幫助的輝煌天才男人後面，都有十個被女人拖下水的。

但是珍妮・卡萊爾則在所有敬重美好、溫和、耐心、誠實、關愛的靈魂裡永存。她是一個純粹的女人：她照顧著一個偉大的男人。

她其實身體羸弱，幾場大病讓她臥床幾個星期，但是她從病魔手中掙脫了出來，甚至讓醫生們都很意外。他們對她的毅力、和她丈夫對她身體虛弱的了解都很吃驚。

1866 年 4 月 21 日，她跟往常一樣，叫上自己的馬車，指示車夫穿過公園。她手上帶了本書，和一個正在從他們居住的小街邊驅車離開的朋友微笑告別。車夫行駛很慢，大約用了一兩個鐘頭。等他走下駕座，脫下帽子，打開車門，準備接受女主人指示時，他發現不再有親切的目光看著他。珍妮坐在角落裡，彷彿在休息，她的頭朝前低垂，那本書溫柔地握在消瘦的手中，但是指尖已經冰冷而僵硬 —— 珍妮・維爾士悄然逝去，湯瑪斯・卡萊爾從此孤單一人。

在切爾西，沿著泰晤士河，切尼步行街那排安靜和保養得很好的房屋對面，就是人們稱作的「堤岸」。它是一條狹窄的沙礫小道，兩邊綠色的灌木和樹林到處繁茂、恣意地生長，彷彿是為了把難看的河流掩蓋起來，讓住在街道兩邊的貴人們眼不見心不煩。

順著這個讓人安恬的幽靜呼吸空間，感受小道上吹拂樹叢的微風，一座青銅雕像出人意料地出現在眼前。你不必去閱讀上面的銘文，只要一瞥

---

[016] 黛莉拉：《聖經》中迷惑大力士參孫的妖婦。

那亂蓬蓬的頭髮，還有那低沉、鎮定和真摯的目光，你會從胸口喜悅地叫喊出來：「卡萊爾！」

在這尊雕像中，雕刻家展現了令人罕見的技藝，把那種充滿想像又沉靜如眠的目光抓住了。你完全可以想像在某個夜晚，當薄霧和陰影在黑色的河面上聚集起來，這個憔悴的人，跟往常一樣，把自己包裹在斗篷裡，從街道慢慢潛進公園，就和他曾經做了上千次的那樣。他在寬大的長椅上坐下，漸漸睡著……在早晨，孩子們沿著河邊玩耍的時候，發現他變成了冰冷和永恆的銅像。

在比賽中，我們見識過愛是如何把冰冷堅硬的大理石，變成多姿多彩的生活，而與之相逆的過程是如何輕易 —— 當靈魂的存在如此短暫！

切尼步行街是一條小巧的、類似巷子一樣的街道，只有一個街區那麼長，街道一邊有十五幢房子，另一邊則只有十二幢。

這些房屋都是用磚砌成，緊緊靠著人行道。在街道的北面，那些房子擠在一個街區裡，任誰一眼看上去，都不會覺得裡面有什麼與眾不同的地方。

它們陳舊而堅固，風格樸素。湊近了看，我猜測有一兩幢油漆過，還有一幢裝了個簷頭，以便和其他的房子區別開來。當我站在街對面打量這排房時屋，我發現第五幢是最寒酸和最邋遢的。因為它在窗戶上裝了黑色的窗扇而不是百葉窗，它們緊緊封閉，與吹拂過的輕風格格不入。門口，麻雀做了窩，在不停打架和爭吵；麻雀們在煙囪上也做了窩，到處都是塵土和蜘蛛網，顯然很久都沒人整理了。

我望著那裡，腦海裡浮現出烏撒・湯瑪斯的句子：

匆忙喧鬧的白晝，帶著它嘈雜的幻影，它豔俗的紙糊王冠，遠去了；

而非凡永恆的黑夜，帶著它綴滿星光的權杖，和它的沉靜真理，正在到來。

1834 年 5 月的一個風和日麗的早晨，湯瑪斯和珍妮走到這裡。湯瑪斯三十九歲，高大黝黑，身體強壯，他緊閉的嘴唇和額前的三道皺紋讓人聯想到消化不良的症狀。珍妮年輕一些，她的面龐很迷人，帶有一點點焦慮，眼神明亮溫柔，彷彿告訴我們她的耐心、實在和忠誠。他們看上去跟鄉下人差不多，的確很像。他們查看了一下周圍的環境，彼此商量了一下 —— 畢竟每年六十英鎊的租金貴得驚人！但是他們還是租下了這幢房子。湯瑪斯·卡萊爾，石匠詹姆斯·卡萊爾之子，每個月為這幢房屋按時付出房租，長達半個世紀 —— 只差三年就半個世紀了。

我橫穿街道，閱讀大理石板上的介紹銘文，這塊石板鑲嵌在房屋前面，就在下面那扇窗戶上一點的位置。它告訴我們這些陌生人，湯瑪斯·卡萊爾從 1834 年到 1881 年一直居住於此，這塊大理石板是由倫敦的卡萊爾學會建立的。

我沿著石階拾級而上，在已經完全磨損的刮泥器上蹭了蹭靴底 —— 這個刮泥器存在了很久很久吧，製作它的鐵匠恐怕早已經化為塵土，而且他肯定手藝笨拙，因為我看到了他用榔頭不小心打錯的一個缺口，也許他當時正和訪客討論神學。我按下門鈴，輕叩門環，在那些石階上靜候珍妮·維爾士的歡迎，如同她當時歡迎愛默生一樣，而愛默生也和我一樣在刮泥器上蹭了蹭鞋，叩叩門環，然後在我現在站立的地方安靜地等待。

我的叩門終於有了回應 —— 是隔壁門一個聲音刺耳、脾氣暴躁的女人應門的，她打開窗戶伸出腦袋，用尖厲的聲音叫道：

「聽著，先生，你還不如去拍路邊的石頭呢！你不知道嗎？這屋裡沒

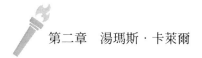

人。先生，你不知道嗎？」

「我知道，太太，所以我才敲門哪！」

「拜託！先生，你長了眼睛不會看啊？根本沒人住這裡了，你看不出來？」

「我敲門是以免冒昧，請問怎樣才能進去？」

「你大概可以從鎖眼裡鑽進去，或者從煙囪裡爬進去！你看上去傻裡傻氣的，先生，你知道嗎！要是你非進去不可，也許你可以去布勞恩太太那裡拿鑰匙！」說完，她砰地把窗戶關上了。

街道對面，布勞恩太太的招牌正衝我微笑。

布勞恩太太經營著一個小雜貨店兼麵包房，她很樂意帶我參觀卡萊爾故居。她在一個黑口袋裡一邊摸索鑰匙，一邊不停嘮叨，說上個禮拜，三個美國人來看卡萊爾的房子，每個人還給了她一先令，我理解了她的暗示。

「現在只有美國人在乎卡萊爾先生了。」老婦人找到鑰匙後，悲哀地補充說，「很快我們就都要被忘記了。」

我們穿過街道，幾次嘗試打開生鏽的鎖眼，都徒勞無功，不過最後還是打開了，我走進了房間。寒冷，荒蕪，淒涼，就是我第一眼看到這些空空蕩蕩的房間的感覺。老太太的風溼病很敏感，所以她在石階那裡等我爬上三層樓。《法國大革命》是在那間隔音的裡屋創作的，那個房間是如此黑暗，我不得不摸著路走到窗邊。窗扇紋絲不動，好像有自己的主意，就像當年曾多次打開它的人一樣同執。但最後我終於猛地推開了它。從這裡望下去，當年多伊菲爾斯德勒克教授經常在涼亭小憩，或者從維吉尼亞帶

來的雜草中追尋靈感[017]。

然後，我站在壁爐前，永恆的卡萊爾經常坐在這裡，凝視飄忽的餘燼。就在這裡，他生活在他自己的孤寂之中，詛咒曾經是祈禱的詛咒本身；就在這裡，他閱讀、思考、夢想、寫作，長達五十年之久；就在這裡，盤旋著克倫威爾和弗雷德里克的精靈；就在這裡，讓人同情的和讓人可憐的人民排成長隊，應答了他的點名，參與了可怕的大革命。

風從煙囪中吹過，發出可怖的聲音，我的腳步則在這間死寂的暗室中迴響，我覺得我聽見了來自墳墓的聲音，它說：

「汝之來生，汝之命運，確然已注定！當汝問及根本，汝之生命對我而言，對汝而言，對上帝而言，俱乃無用！汝難以置信的，汝不可疑之。汝之靈魂充滿危險，假意相信。避難所在別處！速去速去！若汝憔悴，則決上毀滅之途！然不可口出謊言 —— 以永恆之造物者之名，絕不！」

一開始我驚呆了，但仍然站立在原地傾聽，然後，我想我看見一團模糊的藍色雲霧從壁爐裡捲起。望著這團煙霧，裡面模模糊糊出現一個老人的影子。我朝幻影揮手，但它仍然在那裡。我的嘴唇不聽我的使喚，自顧自地說了起來：

「歡迎你！如花崗岩一般頑固的人……」

風仍在怒號。我望向窗外，看見雨雲從昏暗的天空滾滾而來。窗扇砰地關住，把我禁錮在黑暗之中。我匆忙摸索到門，走到樓梯處，順著欄杆一路下來，看見布勞恩太太在玄關處等我。

我們把門鎖上。她穿過街道走回自己的小麵包房，我截住一個路過的

---

[017] 《衣服哲學》，又名《拼湊的裁縫》，是卡萊爾的名作，它的副標題就是「多伊菲爾斯德勒克的生活與想法」。

員警，詢問去威斯敏斯特的路。他告訴了我。

「你去參觀卡萊爾的故居了？」他問我。

「是的。」

「跟布勞恩老太太去的？」

「是啊，她在門口等我 —— 她有風溼病，所以不能爬樓梯。」

「風溼病？！算了吧 —— 她沒告訴你不能進那些房間？為什麼？你不知道？人們說那屋子裡有鬼！」

第三章　約翰・羅斯金

約翰・羅斯金 (John Ruskin, 1819～1900)，英國作家、藝術家、藝術評論家。1843年，他因《現代畫家》一書而成名，書中，他高度讚揚了威廉・透納的繪畫創作。以及其後的寫作總計三十九卷，使他成為維多利亞時代藝術趣味的代言人。他是拉斐爾前派的一員，本身亦為天才而多產的藝術家。羅斯金的寫作和哲學，對藝術與手工藝運動有深遠的影響，亦啟發創設國家信託基金與古建築保護協會。

把玫瑰放在她們的髮間，把寶石墜在她們的胸前，為她們著上姹紫嫣紅的衣衫，但記得要讓她們留意天空鍍金的紋章，要讓她們懂得世上不僅有勞作，還有可愛。

—— 丟卡笠翁 [018]

在溫德梅爾，一個好朋友告訴我千萬別指望能見到羅斯金先生，因為我和他沒什麼特別的交情，又沒介紹信，而且，我還是個美國人。在英格蘭，美國人通常被認為會去私家花園偷摘鮮花，在樹上亂刻自己的名字，為一些無聊的小事發出大驚小怪的笑聲，而且經常誇耀炫耀，招惹嫉妒。可想而知，羅斯金先生對這類人沒什麼敬意。

況且，羅斯金先生非常之忙，時不時要給他的朋友們發出書面聲明，要求他們給他一點私人空間 —— 我親眼見過這樣的一個函件。它是這麼寫的：「羅斯金要開始一項非常重要的工作，特此通知，懇請諸位在接下來的兩個月就當他死了。」一個類似的東西重印在《追逐之箭》上。我覺得，這件事情，和羅斯金任何一本著作一樣，都展現了而強有力的自我克制的性格，如同他本人。

自然，一個人會覺得偶爾被認為「死了」是滿開心的事情，即便是對親朋好友而言。但再怎麼樣也不必覺得訪客是偷去時間的敵人，當然，倒是有可能把那些偷摘別人花園裡的花、在樹上刻自己名字或者動不動就放聲大笑的人都看成敵人。因此我決定只是簡單地路過布蘭特伍德鎮，從遠處看看它，翻過附近的山，划過小鎮旁邊的湖，黃昏的時候在水裡游游泳，就很不錯了。然後就在旅舍裡好好休息，第二天再繼續我的旅程。

---

[018] 丟卡笠翁 (Deucalion)：希臘神話中普羅米修士 (Prometheus) 的一個兒子，他與妻子芭拉製造了諾亞方舟，並乘著它在宙斯 (Zeus) 引發的大洪水中逃生。這對夫婦成為現在的人類的祖先。

康尼斯頓湖在格拉斯梅爾十英里遠的地方，光是走到那裡都要花不少時間。不過如果你很開心地觀賞過「國王的女兒」，或是你在堤岸上和聊天談心的好朋友一起，這段路就會顯得短多了。再說，在霍克斯赫德還有一個令人愉快的短暫休息 —— 在這裡你可以看到華茲華斯就讀過的那座精巧的舊校舍。當他還是個男孩的時候，就坐在那裡的長板凳上晃著雙腿，並在座位上刻下自己名字的縮寫。

下午我抵達那裡的時候，康尼斯頓湖水前的那座旅舍看上去非常吸引人，讓人疲乏頓消。經過一代又一代的加造，旅舍的一半已經被常春藤和攀岩玫瑰覆蓋，與奧什克什的「豪華宮殿賓館」完全是兩種風格。在美國，我們有銅鑼，黑人紳士狂敲它們 —— 就跟他們在剛果雨林裡一樣 —— 用這種喧鬧來告訴「客人」和大眾們該進門了，或者該吃飯了。但是這種文明的提煉在康尼斯頓湖還沒有出現，因此旅舍安靜舒適，你想睡就睡，想起就起，想吃就吃。

我到達的時候還沒有什麼客人，我想自己大概要在咖啡間裡隨便弄點吃的就算午餐了，但旁邊走來了一位面容愉快、身穿燈籠褲的老紳士。他衝我點頭招呼，和我一起走到餐桌邊。他跟我打招呼說今天天氣真好，我表示同意，補充說山色非常不錯。他點頭贊成，又附加說湖光也很漂亮。

然後侍者問我要點什麼菜。

「是一起的嗎？」湯瑪斯[019]詢問，他正立在門邊，用指尖平衡一摞碟子。

「好啊，幫我們一起上午餐。」面色紅潤的老紳士看著我微笑，「一個人吃飯有礙消化。」

---

[019] 湯瑪斯在這裡指侍者。

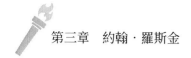

我點頭稱是。

「能告訴我這裡離布蘭特伍德有多遠嗎？」我問道。

「哦，不遠，穿過湖就到了。」

他站起身，打開窗扇，這樣我就能看到湖水那邊約一英里遠的那些黃色的老房子，隱沒在山坡的綠色之中。很快侍者就給我們端來了午餐，我們用一種羅斯金式的口吻談論肉塊和新馬鈴薯。

老紳士對《威尼斯之石》和《現代畫家》（都是羅斯金的作品）知道的比我還多，不過我對他說了梭羅（Henry Thoreau）是如何把羅斯金介紹給美國，康科特又是如何成為新大陸第一個認識這位東方之星的地方，當我說到這些的時候，老紳士把餐刀放到桌上，聲稱梭羅和惠特曼是美國誕生的僅有的兩位天才。我懇請他再多加一個名額，把愛默生算上，最後他總算同意了。

侍者把吃完的盤子一樣一樣拿走，為我們上了咖啡。老紳士把椅子推後一些，從他的雙下巴下面拿開餐巾，把面前的麵包屑撣開，然後說：

「我打算今天下午去布蘭特伍德，跟羅斯金先生打個招呼 —— 只是表達我的敬意，我每次來這裡都拜訪他。你要不要跟我一起去？」

這大概是我聽到的最讓人開心的詢問了。我幾乎想要讓他再說一遍，好讓我再聽到那些美妙的詞語，不過我還是恢復了我的矜持，立刻站起身，把那些滾燙的咖啡一飲而盡，將椅子朝後一推，摘下餐巾，回答說：「非常樂意。」

所以我們倆 —— 一個穿著燈籠褲，一個穿著旅行襯衫 —— 一起走。我暗自慶幸他看上去比我還不成體統。而對他來說，似乎根本沒想過我們倆的服裝跟這場拜訪完全不般配。不過，不管怎麼說，去拜訪這樣一個高

貴的人，穿成什麼樣根本不重要 —— 反正這樣的人是不會使喚僕人的。

我們從北端繞過康尼斯頓湖，然後朝東，穿過丁尼生[020]曾經居住過的帳篷屋（他覺得那裡「安靜得無法容忍」），再往前走一英里，我們就來到了布蘭特伍德鎮。

道路蜿蜒曲折，一直通到房子的後面 —— 順便說一句，這裡才是前門 —— 車道兩邊都是高大的樹木，樹冠形成了一個完整的拱道。沒有看門人，沒有花壇，沒有廣場，沒有圓盤，沒有被修剪得跟大象一樣的樹木，沒有鐵鑄的狗，沒有陶製的鹿，而且，最奇怪的是，沒有割草機的痕跡。實際上，沒有任何跡象顯示，這位偉大的美的傳道人就居住在這個非常老派的地方。

在山坡上，花圃上面，我看見那個洞口，羅斯金先生有一次在那個洞裡放滿了冰，不過是為了告訴世人，如何用少量的費用來保持頭腦清醒。他甚至因此給報紙寫了封信，提出了那個充滿人性的偉大觀點 —— 山洞的用處就是裝滿冰塊的。然後他就把這件事忘了個一乾二淨。但是來年的六月，廚師希望做一些冰淇淋，為週六晚餐增添一些驚喜，於是打開冰窖，發現只剩一汪泥水時，她只叫了一聲：「真討厭！」然後他們就用奶油布丁來代替冰淇淋了。

我們走上臺階。我的朋友只把黃銅的門環輕輕叩了一下 —— 只有美國佬才乒乒乓乓敲個沒完 —— 一個白鬍子男管家開了門，接過我們的名片，把我們引進了藏書室。看到這間屋子儲藏了那麼多書，我的心跳得有些快了，之前我還從沒拜訪過一個據說拒絕了「桂冠詩人」稱號的學者。這間書房光線朦朧，牆被漆成了棕色，到屋頂則變成了圓潤的黃色。書架

---

[020] 丁尼生（Alfred Tennyson, 1809～1892）：英國詩人，其作品包括《悼念》和《輕騎兵的責任》，反映了維多利亞時期的情感和美學思想。1850年他獲得「桂冠詩人」的稱號。

高高的，有個專用的活梯。牆上只掛了五幅畫，其中三幅是蝕刻銅版畫，另外兩幅則是非常簡練的水彩。椅子都是皮質的，在房屋中央則有一張長桌，上面散落著各種各樣的雜誌和文件，還有一些照片。在房屋的一邊有一個很大的壁爐，紫杉木在裡面燃燒著 —— 這時我身後一個愉快的聲音打斷了我的巡視：「啊，先生們，現在能看到你們，我很高興。」

沒時間也沒必要來個正式的介紹。這個偉大的人握住我的手，彷彿一直都知道我似的，也許他覺得他是的。然後他以同樣的方式和我的同伴打招呼，然後把壁爐裡的火撥亮，畢竟這是北英格蘭的一個夏天。他在桌邊坐下，我們都沉默了一會兒 —— 這是一種沒有尷尬的沉默。

「你們看到的這幅銅版畫，就是壁爐上面的這幅，是一個美國年輕女士送給我的，」羅斯金先生說，「我把它放在這裡，這樣可以經常看到它。我越來越喜歡它了，你了解這幅畫上的場景嗎？」我的確知道，於是稍微解說了一下。

羅斯金先生擅長在大部分時間裡，讓他的訪問者說話。他是一個非常罕見的傾聽者，他身體前傾，把一隻手放在右耳後面，把你說的每個字都聽了進去。他對美國的工業現狀尤其感興趣，我很快發現自己「霸占了時間」，羅斯金先生偶爾的發問使得我沒機會停下來。我來這裡是為了聆聽他的談話，而不是為了捍衛我們的「共和試驗田」 —— 他喜歡這麼稱呼美利堅合眾國。但羅斯金先生如此有紳士風度，如此尊敬別人，他作為傾聽者的態度是如此謙恭，以至於在他關於美國「試驗」的同情面前，我急躁的表述顯得有點太過興奮了。

「你們在堪薩斯選女人為市長，讓我想起中非那些把女人打造成戰士的部落 —— 你們讓你們的女人去為你們的政治開仗！」

「不過在權利平等上，你顯然和美國立場一致，幾年前你表述過這樣的想法。」我的同伴插嘴道。

「我說什麼了 —— 真的嗎，我怎麼不記得？」

「你在回答一封讀者來信時說：『對於我對女人公民權的看法，你顯然是對的。關於投票給女人，我很樂意把那些票從男人手裡奪過來。』」

「當然那個回答是明智的。我對女性實在太尊敬而不願看到她們負擔更多的責任。至於限制男人的公民權，我堅定支持，如果一個男人沒有財產，或者不能讀寫，是不能投票的。投票者要制定法律的，為什麼要讓一個對所有權沒興趣的男人去制定物權法，或者為什麼要讓一個文盲去制定教育法規呢？另外，女人不應該武裝起來保家衛國。」

「那你又怎麼評論卡洛克夫人呢？她說因為男人不生孩子，他們不該有投票權。戰爭可能有，可能沒有，但是國家的長久存在要依賴於一些生孩子的人嗎？」

「那位女士的論點很有創意，但沒說服力。因為我們得考慮到戰爭是一種管理國家的本領，而生孩子是自然的本能，甚至統治權也管轄不到。」

接著羅斯金先生在國家對個人的責任上講了十五分鐘 —— 他說得字斟句酌，但條理清晰有說服力，顯然相信自己所說的內容，也說出自己所相信的內容。

然後，我的朋友用一種文雅的方式，在羅斯金理論的第五根肋骨之下刺了進去，逼得他不得不對他之前闡述的觀點自圓其說，所以我們很滿足地聽到了他那種真摯和雄辯的演說。

未婚女士往往對男人的理論抱有成見，相反的，關於「女性問題」的

邏輯，很多來自單身漢的腦袋瓜。

羅斯金先生在駁斥約翰・彌爾（John Mill）的「為妻子或母親以外的女性打開工作大門」的異端說法時，有幾次岔了題。

當彌爾對羅斯金先生的公開信避而不談時，《芝麻和茉莉》（羅斯金作品）卻把彌爾稱為「犯白癡病的不幸者」、「沒有想像力的人」。彌爾先生也許是「犯白癡病的不幸者」（我至今不大明白這個片語的確切含義），但《自由論》（作者正是約翰・彌爾）的前言，在我看來，卻恰恰是對一位女性最溫柔、最高尚和最真誠的讚美。

約翰・彌爾先生和太太證明了完美的結合是可能的。羅斯金先生不過是嘲笑了彌爾先生以他自身的婚姻「試驗」論證的觀點，現代的男人大多如此，就連羅伯特・白朗寧[021]也不例外。

「他也許對某個女士瞭若指掌，但如果他把她作為整個女性世界的代表，難道他不會大錯特錯嗎？」

我默然，無言以對。

在《命運，持棒者》[022]第五十九封書信中，作者寫道：「在我一生中，我從未寫過任何一封不歡迎整個世界都來閱讀的信。」從中我們也許可以想像得出，羅斯金先生從未像小兒女那樣戀愛過：他沒在書中夾過花，沒有在一段詩下面劃雙橫線或者加注，沒有一捆捆泛黃、褪色的信件，在他眼中變成神聖，用白色和藍色的緞帶精心紮好，沒有在箱子底藏下小祕密。然而就是這樣，羅斯金先生對女性問題卻有自己的看法，也是非常積

---

[021]　羅伯特・白朗寧（Robert Browning, 1812～1889）：英國詩人。

[022]　這是羅斯金 1871 年開始出版的一本按月發行的書信集。Fors Clavigera 的拉丁語原意為「命運，持棒者」。Clavigera（持棒者）指古希臘神話中的大力神赫拉克勒斯，又指雙面神伊阿諾斯。其副標題是《致英國工人和勞動者的信》。

極的看法 —— 通常帶有很殷勤的同情心和很明智的忠告。

我看見有本百科全書稱羅斯金先生為單身漢，其實是另有所指，因為雖然他結過婚，卻始終形單影隻。根據柯林伍德的記載，這樁婚事是父母之命。總之，天才就是一種這樣的浪蕩漢：當他結婚時，他通常讓女人遭受痛苦，但不幸是會傳染和反作用的。羅斯金先生就是一位天才。

天才是獨一無二的，對此至今仍然沒有很全面周到的分析調查研究，我們只知道一些跡象，如此而已。在這些跡象之中，首要的就是全神貫注的能力。

沒有專門的天才種子，也沒有專門的天才土壤。它與生俱來，反叛教化，無法剷除。被人超越永遠是令人不快的，而覺察到自己的卑微則更讓人悲痛。很少有人偉大到從親友的成功中感到愉悅。出色帶來的快樂往往被怨恨所抵消，所以嫁給一個天才的女人經常不快樂。

天才是恣意的，它是狹小的按部就班的障礙。在急風暴雨中溫暖自己是困難的，激蕩的環境會把你吹散。陽光會讓你眼花，閃電從不溫柔，尼羅河總是氾濫。天才有時需要偏離日常的狀態，探求無垠的邊界 —— 這個時候一個好妻子能做什麼來陪伴他呢？她不是抗議責備，找到他的過錯嗎？很可能沒有別的情形，因為天才總是在自己並不意識到的情況下成為獨裁者，在自己並不願意的情況下成為阻礙，在無意中不能容忍，因此變得不合群，因為他控制不了自己。

天才的妻子有時候會因為愚蠢而被他忽略，由於他全神貫注在自己內心的興趣上，她可能為了把他從那種視若無睹中拉出來而責罵他。偶爾他被激怒因此還嘴 —— 於是天才不善交際也就成了公理。

經過一段短暫的不投機的共同生活，羅斯金太太發現了他們的錯誤，

於是她跟他說了。但是格朗蒂太太是個大嘴巴，隨時準備告訴全世界，於是羅斯金夫婦決定假裝生活在一起，以矇騙社會。他們這樣度過了六年悲慘的生活。女方決定來個簡單的了結，於是她把自己的行李箱裝滿，故意把她的天才丈夫拉到電影院裡。不過她顯然認識到，這樣遺棄羅斯金實在太便宜他了，所以這位女士回轉頭，成為了一個快樂的太太和偉大藝術家的好幫手。

羅斯金的父親是個成功的葡萄酒進口商，他給兒子留下的遺產相當於一百萬美元多一點。但是這筆巨大的財富被揮霍殆盡 —— 本金和利息都沒有了，消耗在不斷的饋贈、禮物和實驗花費中。如今，羅斯金先生從他著作的銷售收入中也沒攢下什麼積蓄，要說到《財富的分配》，這就是一個典型的例子。

柴米油鹽的事情從來沒有困擾到約翰‧羅斯金，只有在他固執地堅信每個人都應該生活有保障時例外。他從孩提時代開始的時光就耗費在研究和寫作上，他賺了不少錢，但他沒時間積攢。

他對於任何有關人類利益的主題都表達了興趣，可能除了「膝蓋囊腫」[023]。他給報紙寫的信件，可能比《老訂戶》、《為了正義》、《憤怒的讀者》和《真理》加起來還要多。他的觀點舉足輕重，他的關注方向成為社會必需，但是他作為思想啟蒙者的成功，更可能是因為他的幽默感只剩下一縷青煙 —— 就像化學中所表述的那樣。任何一個知道荒謬的人，都對他所說的許多東西無法置評。

當然，那些蘇爾印第安人，當他們在聯合太平洋公司的鐵路上設置套索來阻止火車行進時，他們是沒什麼荒謬的概念的。但是這讓他們看上去

---

[023]　這個詞直譯為「女僕的膝蓋」，意思是因為女僕經常跪著做家務導致的膝蓋囊腫。

像羅斯金的使徒，每一個人都像。

有人說如果一個人沒有敏銳的幽默感就不能欣賞美，因為美就是和諧悅耳，而當缺少調節時，滑稽可笑就產生了。

羅斯金先生證明了這條公理是錯誤的。

但是不要讓我們輕率的靈魂誤以為，約翰‧羅斯金在實際事務上的觀點毫無用處。他對每個他觸及的課題都傾注了精力（而且還有什麼是他沒觸及的呢？），必定帶來了思想的火花。他獨立和無懼的態度喚醒了一大批昏睡中的智慧，在這些觀點的交鋒中，真理就產生了。

由於羅斯金先生時常拒絕會見訪問者，所以廣泛報導說他的心智正在衰退。這不是事實，雖然他已七十四歲，但他仍然安詳固執，一如往昔。他對工業機器的新發明，跟以前一樣激烈反對，立場上沒有一顆鬆動的齒輪。你不得不承認他這臺機器，皮帶仍未打滑，他的邏輯沒有一個嵌齒脫落，他的生活和大西部的火車一樣有規律和準時，他的日子比過去任何時候都要平和安寧。

他有固定的時間寫作、研究、散步、閱讀、進食和戶外活動，監督著他名下百來英畝地的耕作。他告訴我，兩年來他起床和就寢的時間從來沒有偏離過。雖然他的身體佝僂，但這種生活的規律性已經在他的全部心智、溫和習性、明亮眼睛和儘管偶爾病痛卻快樂的日子中，結出了成熟的果實，你能感受到他的感覺。他的頭髮濃密，近乎全白，他的鬍子蒼老，長長地掛在優雅的臉上，讓他像個族長一樣威嚴。

當我們起身告辭的時候，羅斯金先生從玄關的鹿角上取下白色氈帽，從角落拿起短杖，自告奮勇地為我們指點一條更近的回小鎮的路。我們沿著山間小道，穿越高高的草叢走到湖邊，他還指點給我們看他種下的蕨類

植物。

　　我們和這位老紳士握手告別，感謝他帶給我們的快樂時光。在我們脫下帽子與他揮別的時候，他仍在檢查他的蕨類植物。

　　他顯然沒有聽到我們的告別，因為我能聽見他的低語：「我完全相信，廚師的那些糟糕朋友昨天來過這裡，摘走了我的一些植物。」

第四章　威廉・格萊斯頓

威廉・格萊斯頓（William Gladstone, 1809 ～ 1898），英國政治家。曾作為自由黨人四次出任英國首相。格萊斯頓早年也是托利黨人，1840 年站在反對黨的立場，反對帕麥斯頓發動侵華戰爭的外交政策。1850 年，他同一批主張自由貿易的托利黨人脫黨加入了輝格黨，幾次入閣出任財政大臣，以善於理財聞名。帕麥斯頓死後，他便出任自由黨的領袖。

有人說蘆薈數百年才開一次花。是不是可以這麼說，幾千年才能產生一個像他一樣無與倫比的人？

—— 威廉・格萊斯頓

去英國旅行的美國人，據說已經形成了相當多的特徵，如說話口齒不清、態度懶散，還有一些其他罕見的表現。對這些特徵的用處，及其它們的魅力，我沒法說什麼。但至少在英國，有一種服務是我們美國人絕對需要的，那就是旅館裡的擦靴人。也許這種擦靴僕役只能在英國土生土長，移植到其他地方就會枯萎死亡，也許在我們那裡，大氣層有什麼物質讓他們消亡，不管怎麼說，我們那裡就沒有這個行業。

當麻煩、逆境或者困擾侵襲那些在美國旅店裡的思鄉遊客時，他能找誰尋求安慰呢？唉，守門人都躲著客人，而所有的客人都躲著前臺，掌櫃的你根本見不到，餐廳裡的美國黑人侍者反應遲鈍，女服務生根本不理會你按服務鈴。最後，當疲倦的漂泊者把自己趕進酒吧時，他很快發現酒保根本沒有什麼可以推薦給自己，除了他的鑽石別針。

真的，要是擦靴匠在那裡該有多好！在古老有趣的賈斯特城，我在一個非常不錯但不怎麼起眼的旅館裡碰到過一個擦靴者，他根本不需要我開口就把行李拎起來了，一直帶我到那間講究的、跟家鄉旅館一模一樣的小臥室，這樣的房間我找了好幾個禮拜。桌上，是一個裝飾精美的水瓶，裡面插滿了一大束盛開的玫瑰，甚至還帶著早上的露珠。它們顯然是專門等待我的到來。

他給我端來刮臉的熱水之後就消失了，直到我用心靈感應（對於他們來說，連繫永遠是精神上的）告訴他我需要他。那個下午，他帶我去兌了些現金，並指點我哪裡是郵局，甚至還為我介紹了一個大教堂的高

人 —— 他的謙恭、周到給我的旅行帶來了莫大的快樂。

第二天早上，吃完早飯以後，我回到房間，發現所有的東西都已收拾整齊，壁爐上有一大把新摘的花束。一頓舒適的早飯會讓人內心平和許多：我坐在打開的窗戶邊，望著巨大的橡樹點綴著綠色的草坪，一直朝北延伸下去。羊鈴悠揚的叮當聲隨著芳香的風飄蕩過來，讓人昏昏欲睡。我正想著這有多美的時候，聽見了擦靴匠的腳步聲在走道裡響起，我轉過身看見我熟悉的朋友，他的神情顯得有些不平靜 —— 實際上他有一點激動，不過很快就恢復了原來的樣子。

「格萊斯頓先生和太太剛剛到達這裡，先生 —— 他們乘坐前往倫敦的火車前，會在這裡停留一個小時，先生 —— 我和祕書說，這裡有一些美國人很熱切地希望見到他，現在他願意十五分鐘後在客廳見您，先生。」

現在該輪到我激動不安了。擦靴匠安慰我說，這位偉大的英國老者，不過是一個大家都想像得到的樸素謙虛的紳士，我根本不需要換衣服。不過我應該把他的名字叫對，是格萊斯頓，不是格萊德‧斯通；應該說哈登，而不是哈瓦登。然後他讓我站起來，上下打量一番之後，宣布我一切就緒。

在下樓的時候，我發現擦靴匠召集了旅館裡的五個美國人，他把我們引見給一個聰明的小個子，看起來像是首相先生的隨從或者祕書，這個人把我們帶到客廳。格萊斯頓先生正在閱讀早上的報紙，我們一一被介紹給他，首相向我們每人致了一些歡迎的詞彙，以及一個堅定的握手，然後這位老紳士轉過身，用一種威嚴而禮貌的口吻說：「先生們，請允許我介紹格萊斯頓太太。」

格萊斯頓先生相當明智：他保持站立的姿勢，這無疑會縮短會面的時

間。我們中一個鬍鬚濃密、不停咳嗽的牧師充當了發言人的角色，說了一些愉快的話，這場簡短演講最後說到格萊斯頓先生很受美國人尊敬，我們只遺憾命運把他帶到了英國，而沒有誕生在美國的土地上。

格萊斯頓先生回答說：「命運總是不公平的。」然後問我們打不打算去倫敦。得知我們都要去後，他講了大約五分鐘，大意是我們應該如何遊覽那座都市。他並不健談，但顯然經常對大眾演說或接受致意，他的語句很莊嚴，聲音洪亮。他的結束語是：「是的，先生們，觀賞倫敦最好的方式是在雙層巴士的頂層 —— 雙層巴士的頂層，先生們。」然後他的手覺察不到地揮了揮，我們知道會面結束了。一會兒的工夫我們就到了外面，門被關上了。

我們這個美國的小團體成員，之前還從未見過面，現在就跟兄弟一樣。我們到一個旁邊的房間繼續聊這件事，也說說以前沒說的話題。我們一起七嘴八舌，就像剛剛被迫沉默的人一樣。

「那件灰西裝可真不合適！」

「是啊，袖子太長了。」

「你發現他左手的食指沒了嗎 —— 他們說是在 1895 年打獵的時候被轟掉的。」

「不過他的聲音很威嚴啊！」

「他看上去像個農夫。」

「已經八十五歲了！想想看，夠有活力的了！」

然後那個牧師聲調悲傷地說：「哦，不過我可是捅了婁子 —— 他那句話是不是諷刺我啊？」

「哪句話是諷刺？」

「就是格萊斯頓說命運沒讓他生在美國是不公平的那句啊！」

我們都沉默下來。一會兒擦靴匠進來了，我們把這個問題交給他，他覺得不是挖苦。

第二天，當我們退房的時候，我們都把擦靴匠大大地誇了一通。

威廉・格萊斯頓是英格蘭的榮光，但在他的身體裡流淌的不是英格蘭的血液，他的雙親來自蘇格蘭。除了布羅漢姆爵士之外，他是唯一一位曾身居統治不列顛高位的蘇格蘭人。他的名字起源，正如我們上面所得知的那樣，是格萊斯頓。格萊是隼的意思 —— 確切地說，是在岩石間棲息的隼。隼是和鷹一樣值得徹底尊敬的鳥類，而巨大的花崗岩置身於用來製造人類的泥土之中，完全不會顯得黯淡。這個名字很合適。

很多男人（也許，更多女人也是如此）根深柢固地認為，一個壞小子會成長為一個好人。而身上帶一點海盜的野性，哪怕在教士身上，也沒什麼不合適的。但我傾向於為假日教會學校的讀物中那樣的故事辯護，他們的正統觀念畢竟還是正確的：從小做好人更划算。

威廉・格萊斯頓十二歲的時候就被送到伊頓公學[024]。從一開始，他的行為就是楷模。他參加每次禮拜活動，早晚都禱告，他能夠把問答集倒背如流，而且朗誦的聖經經文比學校裡任何男孩都多。

他只講真理，從不曉課。當長大一些後，也從不談論曖昧的事情，也不讓自己捲入這樣的情形。曼寧紅衣主教說過，要不是格萊斯頓三十年代在牛津待過，四幾年那裡的葡萄酒也不會那麼少。

他從基督堂市畢業時，拿到了學院能夠給予的最高榮譽。在二十二歲的時候，看上去就已經為未來的日子完全準備好了。

---

[024] 在倫敦附近的白金漢郡，著名的英國貴族學校。

　　那時他身體極佳，外型俊朗，知識廣博，而且能言善辯，並拿到了辯論術碩士。他的演講如同他後來的成就一樣輝煌。從外表上看，他算得上俊美：面容陽剛，眼神銳利，而頭髮像獅子的鬃鬣，在辯論的時候會炸開來。他能說五種語言，唱男高音，舞步優雅，完全稱得上是當時英國最出色、最卓越的男人，而且他還很富裕，家中有許多英國黃金。

　　現在他擁有的好東西實在太多，這些東西放到一起，足以讓大多數年輕人走向毀滅 —— 但格萊斯頓不是。他對自己的健康保護得很好，像守財奴一樣安排自己的時間，不聽阿諛者的奉承，而且只把錢花在有益的方面。他有意進入教會，但他父親說「還不行」，於是半強迫地把他送入政界。所以，在他只有二十二歲的時候，他已經開始競選議員，並且當選了。之後的六十多年間，他一直身處西敏寺 [025] 的聚光燈中心。

　　三十三歲時，他已經是內閣成員。三十六歲時，因為良知的原因，他內心純粹的正直迫使他從內閣中辭了職。這個時候他的對手說：「格萊斯頓是一座死火山。」他們這樣說個沒完，但不知什麼原因這座火山從新的地方爆發了，而且比原來更強烈和耀眼 —— 要征服一座火山是很困難的。

　　二十九歲時，他與凱薩琳‧格林結婚。她是男爵斯蒂芬‧格林的妹妹和繼承人。這樁婚事從任何角度來說都是美好幸運的。在長達五十年的時間裡，這位最卓越的婦人一直是他的同志、顧問、朋友 —— 以及妻子。

　　英國詩人喬叟（Geoffrey Chaucer）說過：「對一位有太太的人來說，還能碰到什麼困境？」

　　如果這位出色的女士過世了的話，那麼他的對手還真可以說「格萊斯

---

[025]　英國議會所在地。

頓是一座死火山」。但是她仍然和他在一起。而就在不久前，當他必須經受一場白內障手術時，她是他唯一的護士。

格萊斯頓對於英國的影響可以說是不可估量。他對國家行為的理想境界很高。就物質繁榮來說，他使國家增加了成百上千萬的財富。他普及了教育，並降低了入學門檻。他的政策整體來說引導了對有益和偉大的尊敬，但是太陽也有黑點。

在閱讀格萊斯頓的著作時，我發現他奮力維護的一些事情對他這樣的天才來說不值得。他把奴隸輕描淡寫地稱為「必需的罪惡」，他維持了教會的地位和它們的特權，他把歷史上的主教區精確固定，他斷言聖餐的神祕功效，他把英格蘭教會推崇成上帝指定的真理守護者。

他苦苦奮鬥，力圖改進英國的離婚法。即便遭遇了最激烈的反對，他還是成功了大半。現在，我們在英國法律文本中發現的有關條文，要歸功於格萊斯頓先生 —— 倘若一個妻子離開了她的丈夫，丈夫有權要求地方官員發布書面命令，讓政府軍隊的官員將他妻子帶回來。當妻子被帶回後，這位深愛她的丈夫有權「責備」她，只是法庭還仍未決定這個責備是什麼樣的。在最近的一個案例中，當一個魚販子承認強迫他太太「吃貓吃的東西」時，他被無罪釋放，因為根據法律，這僅僅需要譴責而已。

如果這條法律是雙向的，我沒什麼意見。但妻子就不能不顧丈夫的意願就宣稱要把丈夫帶回，而且如果她責備她丈夫，那就違反了獨立自願的認可。

儘管如此，在評價英國人的公正性方面，我得說，雖然這條法律在英國的法令文書裡白紙黑字地寫著，卻很少有男人引用它解決糾紛。

在所有我提到的這些問題裡面，從奴隸到離婚，格萊斯頓先生都是從

「聖經論點」出發。但是隨著時光的流逝，他的內心逐漸開明，在許多他以前很狂熱的事情上，現在很冷靜。1841 年，他使用各種技巧和手段，宣稱猶太教徒不應該得到完全的公民權利。但在 1847 年，他意識到自己的錯誤，從而改變了立場。

在美國獨立戰爭期間，時任英國財政大臣的他同情南方，在 1862 年 10 月 9 日紐卡斯爾的一場演講中，他說：「傑佛遜‧戴維斯（Jefferson Davis）確定無疑建立了一個新國家。」但五年過後，他當眾承認他錯了。

他是那樣的一種人，就算他深深地步入歧途，也仍然氣質偉大，就像科頓‧馬瑟（Cotton Mather）[026]。他會毫不猶豫地站在未設防的街角，當眾要求人類的寬宥。這樣的人，即便對手也會挽救他。他們自身的優點以及來自人性的優點，會要求他們保持對權力的平衡，不要太過頭。如果北方聯盟失敗了，格萊斯頓可能永遠不會發現自己的錯誤。在這點上，他和其他許多人一樣並不具有前瞻性。但事件的回聲，對真理的追求迫使他作出反應。他狂熱的認真、強烈的意志、對道德觀點的毫不在乎、對中庸的完全無視，使得他很容易就陷入過度危險和盲信的可怕錯誤中，要不是這樣的人實際上會製造出拯救自己的對手，一切就完了。

要分析像格萊斯頓這樣複雜的性格，必須有天才的領悟力。我們談論到「人類心智的二元性」，但是這裡有半打的精神特質混在一起。它們輪流主宰，有時候幾個爭奪控制權。

當天主教大赦年合唱團訪問英格蘭時，我們發現格萊斯頓放下國家的事務，去聽他們的音樂。他邀請他們去豪沃頓，在那裡和他們一起演唱。他對黑人旋律如此印象深刻，以至於產生了一個想法，這個想法如今成為

---

[026] 科頓‧馬瑟：新英格蘭清教徒、神學家，他創辦了耶魯大學，並努力推廣疫苗接種以預防天花。

現實：建立了國家音樂學校，用科學的方法尋找打動人心的完美聲音。

他本來會成為一個相當不錯的詩人，因為他對於精神和物質上的美的專注，使得他一生崇拜荷馬（Homer）與但丁（Dante Alighieri）。拜訪他的人，在碰到他心情不錯的時候，可以聽見他整小時地背誦原汁原味的《伊利亞特》，雖然荷馬的神學觀念，屬於格萊斯頓很不以為然的自然宗教範疇。

英國下院一個著名人物曾對他這樣評價：「首先真正在乎的只有兩件事：宗教信仰和財政狀況。」這個評論接近真實，因為在格萊斯頓性格中最主要的因素，就是他對宗教的專注，而他最引人注目的成功就是經濟。他篤信自由貿易，覺得這是社會救贖的信條。他迷戀數字，他對價格、價值、消費、分配、進口、出口、通貨膨脹的資料瞭若指掌，可以脫口而出，隨時對任何草率下結論的傢伙給予猛烈抨擊。

這是一個顯而易見的事實：他極力主張廢除愛爾蘭教會。他觀點的關鍵部分，是因為愛爾蘭教會不是信徒傳統的延續。

格萊斯頓嚴肅、冷靜、熱誠、自豪、熱烈，罕見的情況下也有些浪漫。他斥責、反駁、矛盾、挑戰，充滿正義的憤怒。他會像雄獅一樣對你怒吼，他的眼睛會閃電，在他對自己認為錯誤的事情批判的時候，緊握的雙拳會顫抖。但在召集下級時他會諮詢、推遲、問明情況，展現幽默感，極力保持親切，對刻薄的批評也不在意。

在家中他是一個優雅、親切、永遠熱情好客的人。他愛朋友很深，他的朋友也很愛他，只是在意識形態上沒那麼鮮明。自然，他們的相互愛戴完全沒錯。

　　將有一天，一個類似普魯塔克[027]，但沒有他的偏見的歷史學家將會崛起。沒有惡意，沒有偏向地記錄下政治家格萊斯頓的一生。與此做對照，他可能會記述一個美國政治家的生平。他所選擇的那個人[028]將出生在森林的小木屋裡，在一個勤勞堅強的母親身邊長大。沒有受過教育，沒有睿智和有勢力的朋友，幾乎沒有藏書，也幾乎沒有時間讀書，不知道任何正規的宗教，從不走出自己的國家旅行，沒有合作者，只是獨自向前 —— 孤單、悲傷、樸素、面部皺紋深刻，時常流下同情的淚水。而他的名字，幾乎是矛盾的，在許多人心目中是歡樂的象徵。

　　當這位歷史大師到來，有能力充滿自信地來描述這兩個偉人時，這對其中的那位美國人是不利的嗎？

　　哈沃頓在北威爾士的弗林特郡，離賈斯特七英里遠。在一個美好的六月裡的早晨，我徒步旅行過去，穿越當年克倫威爾的軍隊擊潰查理斯的地方，那裡現在剩下的是古老的石牆和巍峨的榆樹叢。

　　前一晚上下過陣雨，但早晨來臨時，陽光普照，空氣溫暖，殘留在樹葉和花朵上的雨水，像珠子一樣閃閃發光。百靈鳥歌唱翱翔，一群烏鴉喧鬧著，懶洋洋地飛過天空。這是一個平靜感恩的時刻，感謝祥和安靜的快樂，感謝生活，感謝健康。

　　我悠閒地散步，兩個小時多一點就到了哈沃頓 —— 一大群石頭房子，被藤蔓、鮮花以及花圃包圍著，無不透露著一種家居式的樸素與簡約。我直奔石頭建成的教堂，它的大門總是敞開的。我休息了半個鐘頭，聽一個小女孩練習管風琴，一個頭髮花白的老紳士在指點她。

　　由於時間久遠，教堂內外都有些破爛和褪色，座椅毫無章法地擺放

---

[027]　普魯塔克：古希臘傳記作家和哲學家，著有《希臘羅馬英豪列傳》。
[028]　這裡指林肯。

著，坐著感覺僵硬，不舒服，有些還被好奇的人地刻過字。我溜達了一圈，讀了讀牆上的題字。年輕女孩和老紳士一直在專心彈奏，沒人注意到我的存在。我看見一塊銅匾，是獻給一位女士 ——「她常年來做忠心的僕人，服務哈沃頓 —— 由 WEG 謹立。」

在附近是一塊紀念格萊斯頓的碑，他是首相的兒子，於 1891 年過世。還有一些銘文是給幾個叫格林的，還有其他一些英國歷史上出現過的名字。我站在閱讀桌旁邊 —— 當年，這位偉人經常在此閱讀，我還找到了一塊跪過的痕跡 —— 威廉·格萊斯頓與凱薩琳·格林，1839 年 7 月就是在這裡結婚的。

離教堂不遠，是哈沃頓花園的入口，這個精緻的地方名義上是格萊斯頓太太的遺產，但花園本身似乎是屬於公共的。如果格萊斯頓是一介布衣，當然他不會帶百十來人到這裡遊玩野餐，但是作為服務國家的人，他和他的領地都屬於人民。而這種民主式的打成一片本身讓人愉快，而不是相反。因而這個地方多年來已經成為遊人如織的名勝。鐵柵欄也代替了常春藤，以保護日漸磨損的古老城堡，否則會有一些人把它零敲碎打，放進口袋拿走。現在城堡（其實更準確地說，是一幢房屋）周圍已經建起了一堵牆，我聽管家說，這是幾年前建的，因為從利物浦來的成千上萬的熱情的仰慕者打著火把到這裡來，把格萊斯頓太太的花都踩成了「碎屑」。

公園占地幾百英畝，像真正的英國花園那麼漂亮 —— 這可以說是最高的讚譽了。成群的綿羊在柔軟翠綠的草坪上漫步，散落在草坪上的樹木下面，是皮毛光滑的牛隻在棲息，牠們似乎對遊客已司空見慣，睜著巨大的眼睛，像寵物那麼可愛。

偶爾可以見到告示牌：「請愛護樹木」。有些人認為格萊斯頓先生自己

可能從未注意到這些提醒，但是在修剪樹枝的季節，沒有哪座森林的領主可以對此置身事外。有一次羅斯金造訪哈沃頓，他像個法官一樣坐著，指點哪些樹木已經從中心腐壞，或者遮蔽到了其他樹木。而首相先生則扛著自己忠實的「短刀」，前後奔忙，像個刀斧手。

我尋找著被砍掉的樹樁痕跡，但一無所獲，被告知它們都被挖掉了。地面被重新平整過，一點痕跡都沒留下。

哈沃頓的掌櫃是格萊斯頓夫婦的二女兒，大家都認為她是最有才幹、最出色的女性。她是她父親的「貼身祕書」和心腹，在他不在的時候全權處理郵件，料理重要事務。她的丈夫，哈利・德魯牧師，是哈沃頓教會的教區長。我有幸和德魯先生會過面，發現他非常誠懇，也非常願意談論自己的偉大的丈人 —— 也是他孩子的外祖父。我們也談到美國，我很快就懷疑，德魯先生對美國的印象大部分來自於觀賞一齣狂野西部秀，所以我直接問他：

「你看過《野牛比爾》[029] 嗎？」

「啊，當然。」

「格萊斯頓先生也去了嗎？」

「不止一次。他去了三回哩！像個孩子一樣大笑。」

格萊斯頓的住所是一個巨大的、不規則的石質建築，從一個世紀到另一個世紀不停地加建。塔樓和牆垛基本上是建築意義上的附加物，但整個城堡，從遠處望去，綠色蔥蘢，依附著廣袤的森林，非常引人注目。

我只進入過寬敞的走廊和一個房間 —— 圖書館。書架和書到處都

---

[029] 威廉・弗雷德里克・科迪又名野牛比爾。是一位水牛獵人、美軍偵察兵及印第安戰士。但他最為人所知的身分可能是蠻荒西部的代表人物，他製作了一部名為「野牛比爾的西大荒及世界級馴馬師大會」的精彩表演，這場表演享譽全球，並為美國西部創造了一個永恆不變的形象。

是，幾張桌子式樣各異（有一個甚至是美國風格的滾輪式），好像主人在這張桌子上完成交易，那張桌子上翻譯荷馬的作品，又在另一張桌子上寫社交書信。還有一些巨大的日本花瓶，一張虎紋的漂亮地毯，幾幅很大的油畫，在一個架子上，有整整一打斧頭，還有兩倍數量的「棍棒」。

整個空間散發著閒散的豪華，彷彿訴說著寧靜、富有、平和從容、思維寬宏、心智安詳。

當我朝村子走去的時候，教堂的鐘聲緩慢鳴響。遠遠的山谷，天色黯淡，一抹白色的煙霞，如同一條細長的面紗搖曳著，籠罩住呢喃的溪水。我想到了那位偉大的老人，如今我正穿行在他的領地上。我腦海中縈繞的，不是那個長壽而矍鑠的身影，而是，一個人生活在如此田園詩意的地方，有豐富的愛和書籍陪伴著他，怎麼竟然也會變老。

第四章　威廉‧格萊斯頓

第五章　約瑟夫‧透納

約瑟夫‧透納 (Joseph Turner, 1775～1851)，英國風景畫家。童年時已表現出繪畫才能，從畫地形圖開始藝術事業。透納以善於描繪光與空氣問微妙關係而聞名於世。他是十九世紀上半葉英國學院派畫家的代表，在藝術史上，使風景畫與歷史畫、肖像畫平起平坐，透納功不可滅。透納逝世後，英國風景畫的黃金時代也就結束了。真正理解透納藝術的是印象主義畫家，因為印象主義在形成過程中，從透納那裡得到豐富的營養和啟迪。

　　我相信，透納的作品一問世，就如同菲迪亞斯[030] 或是列昂納多的作品一樣是完美的，人類已無法再做任何改進。

—— 約翰‧羅斯金

　　因為夢幻般的船屋和綠色的堤岸，上泰晤士河的美麗早已有詩為證。但更廣為流傳的是，雲遊歌手用他的七弦琴來吟唱這條切爾西城區的泥濘河 —— 它跟義大利臭名昭著的台伯河，或者發過洪水以後的密蘇里河一樣，顏色渾黃，混濁不堪。一天兩次的潮汐有著離奇的景觀，城市裡擁擠的人群帶給它讓人作嘔的氣息。

　　切爾西曾經是離倫敦橋六英里遠的一個小村鎮，但這個遙遠的郊區現在已經是倫敦的一部分。

　　切爾西可能會被比作某些稀有的堅貞女子，隨著年華和閱歷的增長，如今變得像個廣施恩澤、備受讚譽的女主人。儘管切爾西年輕時不漂亮、中年時不完美、老年時不華貴，可是她卻養育了許多為世人景仰的著名人物。

　　天才的偉大仍然來源於切爾西。混濁的河水、蜿蜒的河道、岸邊尖尖的石堆、咕咕鳴叫的鴿群、鐘鳴聲、管風琴聲、風聲，所有的這一切都因為存在而變得神聖。它們的靈魂與我們同在，因我們而變得美麗。

　　偉人可以使某個地方變得神聖，切爾西正是這樣一個藝術之神住過、愛過、工作過，並死於斯的地方。

　　湯瑪斯‧摩爾（Sir Thomas More）曾居住在這裡，經常是伊拉斯謨斯（Erasmus Darwin）的座上客；漢斯‧斯隆爵士（Hans Sloane）也是從這裡開始他大英博物館收藏的；阿特布利主教（他宣稱德萊登是比莎士比亞還

---

[030]　菲迪亞斯（Pheidias）：古希臘著名雕塑家、建築設計師。

偉大的詩人），斯威弗特教長和阿巴斯諾特御醫都住在教會街；理查德·斯梯爾（Richard Steele）住在街的轉角，雷夫·亨特住在切尼道。但是這條小街是因另一個名字而名垂千古的。

如果說法國有四十個不朽人物，切爾西至少可以說有三個：湯瑪斯·卡萊爾、喬治·艾略特和約瑟夫·透納。

透納的父親是個理髮師，透納在貧困中度過了青年時期，沒有受過多少高等教育。而在擁擠的倫敦，財富和地位遠比智慧重要得多。

當一個光腳男孩徘徊在岸邊，憧憬著美好的地方和美麗的景致，他會用樹枝在沙灘上描繪他心中的圖畫。

他的母親清楚地知道，好東西不可能出自流浪的天性，她從不吝惜她的棍棒，因為她擔心塗抹的願望會毀了這個孩子。但他是個倔強少年，有著獅子鼻、充滿幻想的大眼睛和大大的下巴，當父母意識到他們無法改變兒子時，決定停止鞭打和責罵，畢竟愛比九節鞭更好，同情比威脅更能拯救靈魂。

老透納認為刷子是用來給下巴塗抹肥皂的，可是他兒子不這麼想，有一次他偷偷地用父親的刷子畫了一幅畫。畫完之後，他把刷子放回杯子裡。於是第二天，這把刷子把一個富有的商人的臉染成了朱紅色，倒是和他的鼻子挺相配的。這使老透納失去了一個客人，也為小透納贏來了一頓鞭打。

小透納不總是能把父親理髮店的玻璃擦得很好，也不願好好地掃地。像所有男孩一樣，他寧願為親屬以外的人工作。

小透納曾經為一個叫史密斯的雕刻師 —— 約翰·史密斯跑腿。有一次，史密斯讓小透納給一個畫廊送信，並囑咐他快去快回。小透納很久沒

有回來，史密斯只好又派了另一個男孩去。第二個男孩發現小透納瞪著大眼睛，張著嘴坐在克勞德・洛蘭（Claude Lorrain）的一幅畫前。當他最終被拉走，回到主人的店鋪時，被狠狠地擰了耳朵。可是從此以後，他再也不是從前的小透納了。

他被改變了，就如從鬼門關逃出來獲得重生的拉薩路 [031]。

從此，小透納日思夜想著克勞德・洛蘭，偷偷潛入每一個有克勞德畫作的展覽。男孩的眼睛，曾被認為是夢幻、遲鈍和無精打采的，而現在閃爍著不同的光彩。他渴望成為比克勞德・洛蘭更偉大的畫家。他的老闆看出了這個變化，並在小透納的一再要求下，允許小透納給那些廉價的畫作加一些背景。

有一天，一位老主顧看見小透納在畫畫，說：「他很有作畫技巧，甚至有作畫天分。」

我想，記錄天使應該在回憶錄中單獨給他一頁，用醒目的顏色記載他的名字。正是他，讓小透納有權使用自己的收藏；他從不曾擰他，踢他或罵他傻瓜，對此，小透納非常吃驚。正是他，鼓勵小透納用水彩作畫，並用十先令買下了這幅畫。他就是門羅醫生。

第二年，門羅醫生幫助十四歲的透納進入皇家學院學習。1790 年，他展出了水彩畫 —— 坎特伯雷大主教官邸。

這幅畫沒有獲獎，不值一提。但是從此，透納成為了一名藝術家，而別的人卻還在擦洗理髮店。

但他只賣了很少的幾幅畫 —— 它們不合潮流。其他藝術家嘲笑他，或許是本能地怕他，因為平庸的人總是恐懼天才的。

---

[031] 拉薩路：聖經中的著名人物，麻瘋病患者。

透納被認為是不愛交際的。另外，他粗俗、獨來獨往，不符合上流社會的要求。於是業內的小圈子將他排斥在外，確切地說，是不讓他入內。

他繼續努力，不放過任何一個展覽機會，然而他還是經常挨餓，倫敦的霧打溼了他的破衣裳。但他繼續努力工作，因為在他前面有克勞德·洛蘭。

1802 年，二十七歲的透納來到法國，穿越瑞士，背負繪畫工具遊歷各地，帶回了素描和快速想像力的巨大財富。

接下來，他四處旅行，到過威尼斯、羅馬、佛羅倫斯、巴黎，當然還有倫敦。

三十三歲時，透納仍然在克勞德·洛蘭的崇拜光環之下。那個時期的繪畫，是他的理想和他的書《室內技法》的體現。1808 年出版的《室內技法》超越了克勞德·洛蘭的作品。透納知道這點，這也幫助他擺脫了對偶像崇拜的禁錮。1815 年，我們發現他朝著自己的思想發展，他繪畫的創意和大膽使他成為評論家的靶垛，引起了競爭者的恐慌和憤怒。

漸漸地，他引起了一些收藏者的關注 —— 遭到強烈譴責的事情必然會有它的價值。因此，擁有一幅透納的作品至少可以成為和朋友交談的話題。

於是馬車開始停在安娜皇后 46 號破舊的房子前，身穿名貴衣服的人們踩過吱呀作響的畫室樓梯。這也正是透納的畫作價格上漲時期。就如老話所言，如果一個客人說「我不想買」，畫家會在原價上加十個英鎊。〈迪多修建迦太基〉，原價是五百英鎊，人們看了畫後說太貴了，第二天，透納就把價格提到了一千英鎊。最後，羅伯特皮爾爵士（Sir Robert Peel, 2nd Baronet）出價五千英鎊，但透納決定還是自己留著這幅畫，他確實也這麼

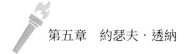

做了。

在透納的早期創作生涯裡，他沒有賣出多少畫，原因很簡單，沒人要買。而在他的後期，他也沒有賣出多少畫作，原因是價格太高，只有非常富裕的人才買得起。起先，是大眾取笑透納，後來是透納嘲笑大眾。一開始是不想買他的畫，後來是不能買了。

從他十五歲第一次舉辦畫展，到七十歲的最後一次畫展，妄動的大眾和淺薄的報界都在嘲笑他的畫作的創意。但好在被嘲笑會得到彌補，挖苦會收穫益處，而仇恨帶來賠償。當這些逆境太過明顯的時候，勝者就出現了。透納正是如此 —— 根據一位替他寫傳記的密友說，沒有什麼比羅斯金的力挺更能給他帶來轉機！

遲來的成功，淡泊的欲望，但他的雄心不曾減緩，最終，他少年時的夢成為了現實。

二十歲時，透納愛上了一個漂亮女孩，並訂了婚。在他的寫生旅途中，每個月給他的情人寫一封短信。他以為「離別會讓兩顆心走得更近」，卻不知道那只是不切實際的詩句。當他回來時，那位女孩已經和別人訂婚了。他為新人送上祝福，從此成為一個堅定的獨身主義者。

或許他的未婚妻背叛他的原因，不在於他信寫得太少，而在於信的內容。我閱讀了幾封保存在大英博物館的透納的信件，它們就像年鑑的翻版，如此創意的拼寫、斷句！實在是太獨特了。透納不會用文字思考，他只會用繪畫表達自己。但那位女孩並不了解這點，當她收到來信時，她震驚了，然後大笑起來。她把信拿給那個英俊的魚商職員看，他也覺得好笑，於是兩人笑個不停。後來，她和魚商職員訂婚了，並在一個明媚的五月的早晨舉行了婚禮，一直幸福地生活在一起。

透納長相平常，個子不高，所幸還能畫足夠大的畫，但這些劣勢還不至於嚇跑所有漂亮的女子。不過菲力普·哈默爾頓[032]告訴我們：「幸運多種多樣，但透納卻在這一方面很不走運：他一生從未受過任何高貴聰明女子的青睞。」

　　就如柏拉圖（Plato）、米開朗基羅（Michelangelo）、艾薩克·牛頓爵士（Sir Isaac Newton）和克勞德·洛蘭，透納與藝術聯姻。但羅斯金說，在透納六十五歲時，他的天賦突然迸發出來，那一時期的作品的光彩和想像力是前所未有的。羅斯金找不出任何理由，只能猜測說：「可能是因為一個女人。」

　　透納的一大弱點是，他認為自己可以寫詩 —— 這足足糾纏了他一輩子。正如悲劇作家總認為自己擅長喜劇創作，喜劇演員花很長時間排練悲劇；許多傳教士認為自己精於商業；而商人認為如果自己布道，會座無虛席。於是近代最偉大的風景畫家想像自己是個詩人。哈默爾頓說，透納的詩句因為有不同尋常的語法、拼寫和造句，正好可以用來給小孩子練習改錯。

　　在透納的一生中，有一點我想提出的是，透納與華特·司各特（Sir Walter Scott）的友誼。他們共同完成了《蘇格蘭的古老遺物》一書，並一同走遍蘇格蘭的沼澤和山林。司各特對繪畫一無所知，卻也不以此為意。儘管他喜歡與透納做伴，但他坦誠地說，他不明白為什麼人們會買透納的畫作。

　　「至於你的書嘛，許多封面還是相當漂亮的。」透納回敬說。

　　然而兩人還是非常滿意彼此的友誼，就如同要好的兄弟，未必要欣賞

---

[032] 菲力普·哈默爾頓：英國隨筆家。

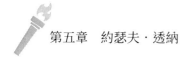

彼此。

透納生性大膽，以自我為中心，獨斷專行，渴望成功和出名，同時又鄙視大眾的觀點，這一矛盾經常發生在一流藝術家身上。當評論家不置好評時，他們不屑闡明自己的觀點，而保持沉默，痛苦的沉默。

整體來說，他是個藝術家，而非現實主義者。後者描繪所見，前者表達所想。孩子們，以及所有思想簡單的人們，只是拿起鋼筆、鉛筆和畫刷，描繪他們眼前的世界。而當智力逐漸發展，開始和手結合的時候，想像力高漲，人們開始勾勒腦海中的事物，而這些事物別人是看不見的。因此，要理解藝術作品，你必須先理解藝術家。

坦白地說，絕大多數人無法達到創造性的藝術家所能感覺到的，那種高度感覺的崇高境界，因此他們看不懂，不理解，他們粉飾快樂，憤世嫉俗，諷刺、憤怒、嫉妒；或者無動於衷。但我以為那些無動於衷的人們比嘲弄藝術家的人更正直。

假如我試圖和我的小女兒解釋關於母性奇蹟的想法時，她可能會轉換話題，奶聲奶氣地告訴我，她看見小貓在一個藍色小碟裡喝奶。但如果我試圖向某些大人解釋同一問題時，他們或會給我一個無聲的嘲笑。是不是孩子比成人更接近上帝呢？

這也正是為什麼許多人認為白朗寧 [033] 是個笑話，惠特曼是個怪人，但丁是個瘋子，透納是個妄想者。因為他們都試圖表達大眾無法感受的東西。於是他們受到無數嘲笑，「除非你和小孩子一樣傻」，諸如此類 —— 而且嘲笑者通常是有錢人。沒有什麼比這更能體現人性的弱點：天才通常不欣賞天才。奇怪的是，權威人士就像傻瓜，不賞識靈感。

---

[033]　伊莉莎白·白朗寧（Elizabeth Browning, 1806 ～ 1861）：英國女詩人。

一個英國人拜訪伏爾泰（Voltaire），發現他躺在床上讀莎士比亞（William Shakespeare）。

來訪者問：「你在讀什麼？」

「你們的莎士比亞！」哲學家回答說，一邊把書扔到屋子的另一頭。

「他可不是我的。」英國人答。

格林、雷默、德萊登、沃伯頓和詹森博士曾經共同或單獨地用以下方式來描述《哈姆雷特》作者的著作：自負、過激、鋪張、荒謬、幼稚、誇大其詞、白癡、虛假、無中生有、胡言亂語。

拜倫從佛羅倫斯給穆瑞的信中寫道：「我對繪畫一無所知，我憎恨和唾棄繪在教堂裡的所有聖徒和先知。」

但是過去充滿了謾罵，我們無法選擇，也不願選擇。請允許我們舉一個例子來證明我們的觀點，然後我們談些愉快的話題。

皮尤和教會互相爭奪攻擊達爾文的特權；一個主教警告他的教友，愛默生非常危險；司布真 [034] 稱雪萊為好色之徒；布克利博士稱蘇珊・安東尼 [035] 是「短毛貓」的領頭人；傳教士塔馬吉戲稱進化論為「猴子血統」理論；一位英國權威神父把世界宗教聯合會比做「虔誠的蠟像館」。

這些都是事實，所有都出自上等而盲目的人之口。藝術家是不被理解的，這是不是很讓人吃驚呢？

在 1826 年學院展上，一幅名為〈科隆夜晚〉的優秀繪畫吸引了大家的關注。有一天，人們吃驚地發現美麗的油畫失去了光彩，很明顯被人塗抹過。一個朋友急忙告訴透納這個壞消息。「不要再說什麼了。我用燈灰把

[034] 司布真：英國著名牧師。
[035] 蘇珊・安東尼（Susan Anthony）：十九世紀民權運動家，在 19 世紀美國女性爭取投票權的運動中扮演關鍵角色。

它塗黑了，因為它影響了旁邊洛蘭的畫的效果。展覽會後我會將它恢復原樣的。」

如此好心地對待他的前輩，體現了他文雅的一面。老理髮師老得已經無法再拿剃刀後，希望能以僕人的身分寄居在兒子家，但透納說：「不行，我們曾一起奮鬥，現在該盡責的是我了，你應該分享所有的利益。」當那個瘦小的老頭輕聲對來訪者說：「是的，約瑟夫是英國最偉大的藝術家，我是他的父親。」透納從不曾微笑過。

透納曾經時常匿名資助貧困的藝術家，給他們寄十英鎊的支票，用的是不留地址的信封。他做的次數太多，最終被媒體發現了，但透納自己從沒說過，然後他尋求其他方式繼續偷偷地做好事。

我不主張宣稱透納是完美的，但非常可能的是，俗人世界並沒有帶著應有的崇敬來感謝這個偉大的天才，哪怕是少少一點。

為了證明他的不是，一個評論家說，透納曾經送了一幅畫給朋友，一年後又向那位朋友要了回來。但是對稍有理智的人來說，事實再簡單不過：心不在焉的畫家在路上撞見他的鄰居，他也不認識他們，忘記他已經把畫給了他們，還以為他是把畫借給他們的。而且，當他把畫要回來時，他還責怪別人為什麼那麼長時間不還。那位鄰居一看到紙條，氣得火冒三丈，說：「拿走你的畫，見鬼去吧。」

然後那些三流的文人，那些病態的靈魂，已經不知道什麼是歡樂的傢伙，在和硫酸一樣刻薄的墨水裡蘸上他們的筆，寫下所謂「天生的卑鄙」、「蓄意的惡毒」或者「本性難移」之類的話，好像透納的心就是那樣似的。沒有人會因此發笑，除了幾個愛爾蘭人，以及一兩個道聽塗說的美國人。

在透納許多的畫作中，我想具體說一下兩幅作品，它們都掛在國家美術館的牆上。一幅是〈老軍艦〉，畫的是退役的軍艦，被拖往拆船廠銷毀的途中。這一幕展現在透納腦海裡，他用油畫使它名垂千古。我們不得不借用羅斯金先生的評論：

在所有體現無法描述的人類痛苦的繪畫中，這是最悲慘的一幅。

一般而言，讓人深思的風景畫都與毀滅相關。但沒有哪個能比駛向自己的墳墓更令人難過的。這艘軍艦經歷了特拉法拉海戰的洗禮，帶著偉大的勝利——毫無疑問，我們要向那裡所有的榮光致敬，哪怕她只是沒有靈魂的鋼鐵；毫無疑問，我們要銘記那種神聖，在那英格蘭平靜的水面之下！不，不是這樣。我們知道她的榮耀消逝在火焰和煙霧之中，落日的金色餘暉不會再籠罩她了，水面上的星光不再被她的水跡所碾碎了。當村舍低矮的門打開時，疲倦的旅行者可能會懶懶地問，為什麼朽木上的苔蘚分外的翠綠。甚至是水兵們的子孫也不知道，夜晚的露珠在老特馬拉爾的遺跡上凝結。

大衛‧沃爾其的海中葬禮讓很多人落淚。然而畫面上並沒有葬禮的場面，陰暗的天空下，船隻遠逝，你無法辨認甲板上的任何人影，但黑色的船帆與灰濛濛的天空相接，你能感受到某種莊嚴的場面。如果你仔細傾聽，能聽見船長低沉的致悼詞聲，然後一個停頓，接著是移動物體的聲音——然後一陣落水聲，一切就都結束了。

透納在遺囑中留給了英國一萬九千幅鉛筆畫和水彩畫，以及一百幅大型油畫。這些作品被國家美術館設專館陳列。或許你會覺得上述所說畫作數目是個筆誤，假設透納五十年裡每天畫一幅，也無法與他在遺囑中提到的捐贈給國家的數目相等。

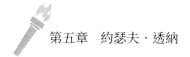

這當然還不包括他一生中賣掉的畫，從他留下的巨額遺產——

十四萬四千四百英鎊（相當於七十二萬美元），我們可以推測他沒有捐贈所有的畫作。

我站在切爾西那間他最後住過的小屋裡，透納於 1851 年一個陰冷的日子在那裡去世。那個在最後的日子裡照顧他的、不曾受過教育的老婦人不會知道他的偉大，整個屋子裡的人和周邊的鄰居也都不知道他是偉人。

對他們來說，他只是布斯先生，一個古怪的老頭，喜歡沉思、讀書，愛和孩子們嬉戲。沒人給他打電話，他也沒有朋友。他每天早上進城，晚上回來。他很少說話，有些心不在焉，他抽菸、微笑、自言自語。他從不去教堂，但有一次一個投宿者問他如何看待上帝。

「上帝，上帝 —— 我所知道的上帝是什麼，人們知道的上帝又是什麼！他是我們的生命 —— 他是一切，但我們也不必害怕他 —— 我們所能做的是說真話，做自己的事情。明天我們會去 —— 去哪裡？我不知道，但我並不害怕。」

他從不和陌生人談論藝術。有一次，他們慫恿他一起去參加肯辛頓的畫展，他微笑地說：「畫展？不，我不去。一個人只能在他的油畫中展示一丁點自己的感想，不值得花費時間去看。」

最後他死了 —— 平靜地離世，他的律師來處理善後事宜。

關於透納的隱姓埋名，有許多說法，但「對你說是過錯，對我可能是美德」。當然，如果一個偉人希望逃離奉承和複雜的社會，過簡單平靜的生活，他有權這麼做。再者，透納的晚年很富裕，他資助和鼓勵了許多窮困的藝術家。所以，當他的信箱裡充滿了各種求助信，當無數窮人、好人和壞人，教會、社會各種團體向他求助，讓他的生活變得痛苦時，他決定

逃離，他確實做到了。

　　透納提到過〈迦太基〉是他最出色的畫作之一，透納如此推崇它，以至於他希望死後能被它華麗包裹著下葬。但這個願望不曾實現。

　　他的遺體埋葬於聖保羅教堂墓地，雷諾茲家族墓地旁邊。他的大理石雕像裝飾著大教堂的一角，而他的名字永遠位於名人錄前列。

　　即使沒有其他原因，切爾西的名字和名聲，至少會因為它是透納的故鄉而不被遺忘。

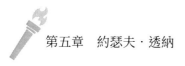

第五章　約瑟夫・透納

第六章　喬納森・斯威夫特

喬納森・斯威夫特 (Jonathan Swift, 1667 ～ 1745)，愛爾蘭作家、諷刺文學大師，以《格列佛遊記》、《一隻桶的故事》等作品聞名於世。斯威夫特一生寫的大量作品幾乎都是不署名出版的，只有《格列佛遊記》例外。1710 年至 1714 年，他為托利黨內閣大臣主編《考察報》，托利黨人失勢後，他回到愛爾蘭，在都柏林做聖派特尼克大教堂的副主教。斯威夫特以大量政論文和諷刺詩等抨擊地主豪紳和英國殖民主義政策，受到讀者熱烈歡迎。而他的諷刺小說則影響更為深廣。所以高爾基稱他為世界「偉大文學創造者之一」。

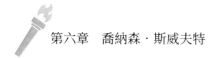

幾乎沒有卑鄙的靈魂可以和人和平共處。

—— 喬納森・斯威夫特

英國最偉大的評論家比勒爾談道：「描寫斯威夫特教長 [036] 的書是沒有盡頭的。」理由很簡單：在描述過去兩百年間所有卓越作家的書籍中，關於斯威夫特的書最多。他的生活在許多書中都有記載。傳記作者沒有幫他寫傳記，但詹森寫了，然後列舉了不計其數的細節，有些甚至濃墨重彩。但在所有真實而出色的，以斯威夫特為題材的著作裡，最好的是華特・司各特爵士的十九卷，以及克雷克、米特福德、福斯特、柯林斯和萊斯利・斯蒂芬（Leslie Stephen）寫的傳記。

斯威夫特性格中積極的部分，使得他成為人們最感興趣的主題，因為他體現了人類的本質 —— 樸實。在有跡象顯示人類完全變壞之前，我們可以從喬納森・斯威夫特一生中發現許多有趣的、有教育意義的、值得讚美的，是的，還有許多值得同情的東西。

斯威夫特的父親在二十歲時結婚。他的收入正好和他的年齡相同，每年二十英鎊。他的妻子是個聰明、活潑而有知識的年輕女子。

幾個月後，女子手中就抱著一個嬰兒。嬰兒被包裹在一件破舊的披肩裡，因飢餓而可憐地啼哭著，因為母親也吃不飽。她又冷又病，毫無尊嚴。她的丈夫也生著病，並債務纏身。這時正值嚴冬。

當春天來臨，百花齊放，鳥兒成雙成對，暖風吹送，全世界都非常快樂時，年輕的丈夫去世了，只剩下年輕的妻子一人。一個人？哦，不。她懷抱著飢餓的嬰兒，肚子裡還孕育著另一個生命。

但是身陷困境在愛爾蘭還不算太壞，因為愛爾蘭人有偉大的好心腸。

---

[036] 他曾任都柏林聖派翠克教堂主持牧師，即教長。

儘管在物質上的體現十分有限，但他們能施予同情。他們確實這麼做了。

於是年輕的母親被好心人照顧著，1667 年 11 月 30 日，在都柏林侯義庭院七號，第二個孩子出生了。

侯義庭院不遠處就是聖派翠克大教堂。在十一月的最後一天，當疲倦的母親在黑暗的屋子裡聽見教堂的鐘聲時，她不曾想到抱在胸前的小傢伙日後是那個偉大教堂的教長。她又怎能期待從未來傳來的聲音：「寫你兒子的書會沒完沒了的！」

這個男孩被送給一個老婦人照顧，他似乎有能力贏得關愛。養母很愛他，把他偷走帶到了英格蘭。

慈善機構為他提供了生活必需品，給了他接受教育的機會。斯威夫特二十一歲時回去看他的母親。她生活艱苦，但情緒愉快，她曾經宣稱自己既富有又快樂 —— 因為富有而快樂。她是個罕見的女人。她意志獨立，很有頭腦，舉止溫和優雅，具有與生俱來的幽默感。

他從母親那裡繼承了許多使他成名的品質。沒有一個人比他母親更偉大。但勇敢的母親並不總能孕育勇敢的兒子。有一點斯威夫特比他母親要遜色 —— 他沒有她快樂的天性。他有智慧，而他母親更幽默。

我們看到斯威夫特的父親是如何生病死去的。生活對他太嚴厲，打擊太突然，生活的擔子太重，在戰爭還未真正開始之前，他就放棄了。在兒子身上，也能看見父親缺乏勇氣和極度敏感的基因。但生命之網是如此特殊、複雜和奇妙，每一個錯誤、缺點和過失都會使生命之線更為結實。如果斯威夫特只繼承了母親的優點，而沒有父親的缺點，他就無法用笑聲震動世界，我們就可能從未聽說過他。

斯威夫特的母親對她卑微和簡樸的生活很滿足。她用自己的方式生活

著。她微笑著，每天她都感謝上帝，因為生活沒有變得更糟。可是她兒子並非如此。他沉浸於悶悶不樂的沉默中；他詛咒命運使他成為一個附屬者，在他的青年時期，他甚至責備那些有助於他的人。這是許多的人之常情。

很多人會仇恨，但極少人有很好的嘲笑能力。他們的仇恨如此猛烈，結果反而不持久。斯威夫特的嘲笑是一支美麗的、帶翅膀的箭，箭頭塗抹了毒藥。許多人中了箭還不曾意識到。

他的不愛交往戰勝了他的企圖，阻礙了他的雄心，毀了他的目標，也造就了他的名聲。

斯威夫特渴望得到教會優先權，但是他沒有耐心去等待。他想像別人在擋他的路，當然是一定大有人在；在貌似平靜的神職人員的外表之下，經常有著比商界更激烈的競爭。要想贏得一個主教職位，需要擁有能成為麻塞諸塞州參議員或是紐約市長的睿智。這個人必須用時間去贏得大眾，穩固擁護者，潤滑道路，掃清障礙，悄悄地進入角色。

斯威夫特缺乏外交伎倆。當進程停滯時，他變得很憤怒，抓起筆寫起來。當他描寫那些他經歷過的可笑事情時，他不是用簡單的咒罵，而是嘲笑他的對手。那奚落的語句是如此生動，輕蔑的言詞充滿了智慧，描述精緻得栩栩如生，簡直就是對人性的讚美。刻薄的文字是極具爆炸性的。那又如何？我們不過是讓斯威夫特從濾網中穿過，以濾去十七世紀的大量糟粕，然後我們送給孩子們，讓孩子們歡笑。確實，這麼使用悲觀主義者再合適不過了。事實上，《格列佛遊記》的作者另有寫作目的，我們卻將他的作品理解為：他希望當權，卻不被重視；他企圖征服他的敵人，卻被對手打敗；他為現在努力，卻擁有了不朽的名聲。

海涅（Heinrich Heine）在巴黎的家中說過：「與宇宙的造物主——天堂的阿里斯托芬（Aristophanes）[037] 相比，人類最具智慧的諷刺，不過僅僅是一種滑稽的嘗試。」

智者不厭其煩地浪費紙張和墨水，哀嘆斯威夫特的惡意和粗劣。但是如果沒有那些智者所惋惜的基本品質，斯威夫特對我們而言可能將是個密碼。然而愛情是生命，仇恨是死亡，但又怎能從仇恨中受益？答案是，在某些萌芽狀態，霜凍和陽光一樣必要：於是有些人具備這樣的品質——在仇恨的冷酷衝破漠不關心的外殼之前，能處於休眠狀態。

仇恨可能會鼓舞人心，但只有愛能賦予靈感。斯威夫特應該是英格蘭教會的領袖人物，但即使如此，他也只能是長長名單中的一個。而斯威夫特只有一個。泰爾梅基先生斷言，在坎特伯雷大主教的兒子寫了一本叫《渡渡鳥》的書之前，全美國只有不到十個人知道大主教的名字。在那本書中，小本森不僅給我們提供了一個強有力的關於神職人員獨身生活的論據，而且同時，如果泰爾梅基的說法是正確的，也使他父親的名字為眾人所知。

在斯威夫特眾多的作品中，《致斯黛拉的日誌》的初衷似乎迷惑了他的敵人。根據那首大英國廣為傳唱的著名讚美詩，我們必須相信這是個完美的、有理由的雄心壯志。但偶爾我們也能從他的書中看到文雅的至理名言，它們明顯出自愛的目光。很多是純粹孩子氣的嬉鬧，一次次，有許多對愚蠢的巧妙攻擊。他用懷疑的態度炮轟迷信，在他處理錯誤的方式中，他向我們證明了一點：幽默比過激言辭更為有效。

我想舉個事件，正好可以作為佐證。這是關於編曆書的派特里

---

[037] 阿里斯托芬：希臘著名喜劇家。

奇 [038]，那個知名占星家。他預測未來非常謹慎。無知的人們前往購買他的曆書，許多人並將那些曆書奉為聖經 —— 事實上，當時占星術十分盛行。

斯威夫特來到倫敦，發現派特里奇的預言成為了人們茶餘飯後談論的話題。他看見許多人為無關緊要的事情而大聲爭吵，面紅耳赤。整件事讓斯威夫特覺得非常可笑，他宣稱他要發表一個年鑑。他解釋說他也是個占星家，一個誠實的占星家，不像派特里奇是個騙子。事實上，派特里奇只預測那些每個人都知道、必定會成為現實的事情。這樣一來，他就能百分之百準確地預測未來，他就能向世人顯示他的能力，從而被稱為預言家。於是一個署名「艾撒克・比科斯塔佛」的小冊子宣稱：「我的第一個預言很簡單，與派特里奇 —— 那個曆書作者有關。我研究了他的出生星相，發現他將於 3 月 29 日死亡。」

3 月 30 日到了，另一個署名以撒・比科斯塔佛的小冊子出現了，宣布預測成功。小冊子描述了派特里奇接近三月下旬時，是如何日漸憔悴，如何病重而臥床不起。於是良心發現，向世人坦白，自己不過是個騙子和流氓，他所有的預言都是胡說八道，然後就死了。

派特里奇非常生氣，馬上回了一個聲明，宣布自己還活著，活過了 3 月 29 日。

比科斯塔佛的回答更為幽默，重申派特里奇確實死了，並說：「如果一個不要臉的傢伙跳出來說自己就是派特里奇，我對此不負任何責任。」

這個笑話讓整個倫敦人發笑。無論派特里奇走到哪，他都會遇到嘲笑和譏諷，占星術家成了無數過去信徒的笑柄。

---

[038]　約翰・派特里奇：1644 ～ 1714，英國占星家。

二十五年後，當班傑明‧富蘭克林開始他的「可憐的理查的曆書」時，在第一期裡，他預測達特——當時美國曆書撰寫者中的頭面人物，將於 1738 年 10 月 17 日 3 點 29 分死亡。

達特宣稱，某種程度上可能也是自嘲，聲稱他諮詢過神使，自己將活過 10 月 26 日，或者更長。

10 月 18 日，富蘭克林宣布達特死了，解釋說，所有事實正如預言的，分毫不差。

然而達特活著又出了許多的曆書，而可憐的理查也為自己做足了廣告，許多寡言少笑的費城人都笑了，不僅如此，他們還成為訂閱者。班傑明‧富蘭克林是一個偉大的好心人，借用了斯威夫特的笑話，並且也做得很好。

在眾多作家中，沒有比迪蘭尼更了解斯威夫特的。而迪蘭尼似乎比別人更公正客觀。他告訴我們，斯威夫特是個禁欲主義者。他的舉止深沉得體，作為牧師，他極度履行他的職責。他探訪病人，經常主持聖禮，從未錯過任何一個晨禱。

哈利做司庫時，斯威夫特似乎已經深受歡迎了。來自上流社會的邀請像潮水一樣向他湧來，漂亮女人極力想進入他的生活圈，連皇室都認可他。而那時，他不過是個愛好文學的鄉村牧師。

柯林斯 [039] 告訴我們，斯威夫特受歡迎的理由很簡單：「斯威夫特是地球上的王者之一。像教宗三世、查塔姆，他是世上自然被人推崇的人之一。」

他意志堅強；他如此睿智，使任何和他接近的人都對他印象深刻；他

---

[039] 柯林斯：英國作家。

性情嚴厲、無畏和傲慢。他的智慧不含任何快樂的氣息：沒人見他大笑過。更有甚者，他可以面帶一絲不苟的表情坐著，一動不動。

就個人來說，斯威夫特是個紳士。當他說髒話、罵人、下流、惡意的時候，他都是匿名做這些事情。這算不算他的優點？我不能這麼說，但如果一個人把自己的無恥藏在筆名後面，至少可以假設說他還不是壞到了極點。

萊斯利・史蒂芬 (Leslie Stephen) 告訴我們，斯威夫特骨子裡是個傳教士。沒有一個「教會骨幹」曾如此虔誠：靈魂賦予生命，但文字毀滅它。誰打算從教長那裡尋找靈性簡直是奢望。他的傳道不過是普通教會的標準格式，充滿了一個正統信仰的老生常談。他從不在傳道時迸發出激情，但他的確徹底和真誠地信奉宗教。「我相信宗教，它使得人群有序。我贊成基督教，因為它要是被放棄了，教會的穩定就危險了。」他這麼說。

菲力普問過太監一個不必要的問題：「你理解你所讀的嗎？」沒有人像斯威夫特那麼沒有性的觀念，他能理解精神上的真理：精神和性欲是不可分的。斯威夫特極富激情，就如同他不具靈性。

教長很有愛心。他是個熱心的朋友；他有能力去愛，但是他的性別和精神本性是那麼冷酷，他從不曾猶豫過 —— 犧牲愛情以追求神職的野心。

他爭辯說，天主教神父的獨身主義是一個明智的取向。單身醫生和未婚牧師對溫柔的女性有獨特的影響力，無論她們年幼或年長，已婚或未婚，這是已婚男士沒法具有的。為什麼會這樣，很難解釋，但是有辨識力的人都知道這是事實。事實上，當一個牧師結婚之後，他必須付出一些代價。因為如果他仍擁有一大群從 17 歲到 70 歲的女性擁護者，將會嚴重影

響他的聲望。

斯威夫特像蛇一樣靈巧，但並不總像鴿子那麼無辜。他竭盡全力去維護自己的主教頭銜和權杖：在倫敦或是其他地方，他有許多有聲望的女性朋友。為了不失去他的影響力，他從未承認斯特拉是他的妻子。選擇名望勝過愛情，使他從心裡開始枯萎，死於枝頭。

每一個人的生命就如一件無縫的衣服 —— 思想是緯線，行為是經線。當生命的時間織機停止運轉時，當絲線斷裂時，愚蠢的人們通常會指著那件衣服的某些部分說：「哦，為什麼他沒有想到這些！」他們不知道，其實每個人的行為都離不開命運紡錘的結果。

讓我們接受天才的成就，不要哀嘆它不夠完美，而要感謝它已經很不錯了。

肥胖的、愛開玩笑的都柏林奧徒拉神父，長著大圓臉、雙下巴，穿著刀子都割不壞的粗革皮鞋。

我帶去的薩托利閣下的介紹信，讓他立刻拿出一個大大的酒瓶和兩個酒杯。接著我們談論愛爾蘭的過失，還有婦女權利，以及所有我應該認識的在美國的愛爾蘭人。我們談到那些去世了的傑出愛爾蘭人，我提及一個名字，使得神父氣憤地從椅子裡跳了起來。

「就是斯威夫特！哦，我的天啦，不要靠近他！他是個魔鬼，比跟在娘兒們的襯裙後面還晦氣。不，不，如果你走過他的墳墓，就會倒楣一整年。你應該接近湯瑪斯‧摩爾，他最棒啦。走，我領你去。」

於是尊敬的神父穿上一件長長的黑外套，帶上他的聖派特里克節的帽子，我們出發了。在門口我們碰見了一大堆乞丐。

所有在愛爾蘭旅行的美國人都被看作是百萬富翁，這也就是為什麼美

國人總被人關注的原因。無論如何，各種各樣的代表團都祝願文雅的美國紳士長命百歲，明白無誤地暗示美元是可以接受的。神聖的神父用他的手杖用力地敲打後面的尾隨者，命令衣裳襤褸的人們離開。但他們還是緊緊跟著。

「嗨，我要教教你如何擺脫那些乞丐，」神父說，「你有硬幣嗎？」

我找出一大堆零錢，神父一把抓過來，扔在地上。立刻，各色各樣的年輕愛爾蘭人在地上擠成一堆，忙著搶錢。這讓我想起了在哈佛碰見的橄欖球比賽場面。我們趕緊從便道上逃走，穿過立菲河，來到都柏林舊城。在舊城裡，彎曲的小巷，繞來繞去的街道都處處顯示著已失去的文明。現在，那裡只有貧窮、骯髒和物資缺乏。直到我們來到安吉爾十二號，一棟精緻的三層磚房，被用於公共用途。門邊的牆上是一塊大理石板，寫著：「湯瑪斯・摩爾於 1778 年 5 月 28 日在此地出生。」再上面，是一尊詩人的半身雕像。

湯瑪斯的父親是個富有的蔬菜水果商，據《拉拉羅克》作者 [040] 記載，他眼力很準，算得很精。老摩爾曾經非常遺憾，認為兒子不具備足夠的能力繼承家族產業。

一個和藹的女房東領我們參觀了樓上的房間。奧圖拉神父曾住在那。一路走過去是一個暖和的小房間，她解釋說有一天，未來的愛爾蘭詩人，被發現躲在這間房間的一堆捲心菜葉下面。

我們下到整齊的小酒吧間，屋裡細沙鋪地，玻璃酒具擦得鋥亮，銅器也閃著光澤。由我付帳，尊敬的神父點了阿夫阿夫啤酒，一邊背誦著摩爾的敘事詩。女房東遞給我們拜倫的〈祝你健康，湯瑪斯・摩爾〉，這時一個

---

[040]　即湯瑪斯・莫爾，《拉拉羅克》是他根據印度的傳說創作的作品。

鄰居走了進來。於是我們背誦更多的敘事詩，喝了更多的啤酒，讀了一段《拉拉羅克》；聊了聊詩人早年的趣事，其中很多都已無法考證。

吵鬧日漸升級，房間裡煙霧繚繞，我趁機溜了出去。跨過一條馬路，又走過了一個街口，來到聖派特里克天主教堂。

巨大而空曠、昏暗而莊嚴的大教堂就在那裡。城市交通的隆隆聲，變成低低的嗡嗡聲。

「外面，是世上永無止境的嘈雜、騷動、不安和恐懼；裡面，是歷史的聲音、祈禱者的思想和莊嚴的和聲，塑造了平靜的天空。」

有許多祈禱者在教堂裡，站在一個大石柱旁，我辨認出他們是跪在磚地上。漸漸地，我的眼睛逐漸適應了昏黃的燈光，在我的腳邊，我看見了地上鑲嵌著一個巨大的銅盤，上面寫著：斯威夫特，卒於 1745 年 10 月 19 日，享年七十八歲。

旁邊的牆上有一塊青銅碑，上面刻著斯威夫特自己的一段話：

這裡長眠著喬納森・斯威夫特，這座教堂的教長，強烈的憤怒已無法再撕碎他的心臟。旅人和模仿者，如果你們能夠，就繼續往前走。這裡躺著的，是一個自由的忠實擁護者……

在碑的上方是教長的塑像，碑的右邊是另一塊碑文：

地下埋葬的是赫斯特・詹森夫人，也就是為世人所知的「斯特拉」，因這座教堂的教長喬納森・斯威夫特的作品而聞名。無論是從身體、思想，還是行為而言，她都是個非常無私和非凡的人；由於她的優良品格，以及她先天與後天的完美，獲得了所有認識她的人的敬佩和尊敬。

這些都是偉大而受苦的靈魂。如果他們不經歷苦難，是不是就不會如此偉大？沒人能回答這個問題。是不是激蕩的河水才能治癒人類？

是不是斯威夫特不曾善待這位傑出的女性？這是個被無數次問到和回答的問題。

有一個偉大作家寫道：

「一個女人，一個溫柔、高貴、出色的女人，有一顆如小狗忠實主人的心。她舔著那隻牽著她的手。無論是錯誤、殘忍，或是不公正、不忠實，都不能讓她離開。」

死神憐憫她，讓斯特拉先離開了人世，把她從一個付出了愛，卻沒有獲得回報、缺乏忠誠的世界，帶到一個充滿愛和忠誠的世界。

1728 年 1 月 30 日深夜，斯特拉在環繞的火炬中下葬。斯威夫特當時生病在家，他在日記中寫道：「今夜是她的葬禮，我被移到另一個房間，這樣我就看不到窗前教堂的燈光了。」但在他的想像裡，透過彩色的窗玻璃，他還是看見了微弱的火光，他說，「不久以後，就該輪到我了」。

但是又過了 17 年，火炬才又一次燃起，哀悼者唱著輓歌，土塊擲在靈柩上，這一切與牧師肅穆的聲音，「塵歸塵，土歸土」交相輝映。

1835 年，陵墓被打開，做了顱骨鑄模。在做屍體解剖時，斯威夫特的顱骨上部被鋸開，一個裝著事件描述的羊皮紙的瓶子，被塞進那個曾經構思過《格列佛遊記》的腦袋裡。

我檢查了那些顱骨模型。女士的頭方而有型。而斯威夫特的頭似乎有悖顱相學 —— 小，傾斜而平庸。

斯威夫特和斯特拉的遺骨被放在同一個棺木裡，葬在聖派特里克教堂的三英尺深的地下。

相愛的人終於長眠在一起。

第七章　華特・惠特曼

華特・惠特曼（Walt Whitman, 1819～1892），美國詩人、人文主義者。被公認為是美國的「詩歌之父」，其代表作品是詩集《草葉集》。在藝術上，他創造了「自由體」的詩歌形式，創立了新的風格。他的詩看起來更美國化，它顯露出一種個性分明的美國特徵，充滿了分明的美國意識。許多現代詩人，不論是俄國的馬雅可夫斯基，還是智利的聶魯達，或者是西班牙的洛爾伽，還是中國的郭沫若，都在一定程度上受過惠特曼的影響。

　　對我來說，一切都是那麼美好。我要對所有的男人和女人翻來覆去地說，你們對我那麼好，我也要同樣對待你們，我要為你們和我自己補充活力，我要讓自己在人群之中遍撒枝芽，我要讓他們感受到新的快樂和新的力量 —— 惠特曼・諾道爾寫過一本書 —— 用挖苦的腔調、尖酸的墨水和刻薄的筆觸。

　　第一個對這本書做出恰當評論的批評家，是贊格威爾先生（他可沒有受洗的名字）[041]。贊格威爾試圖宣稱這是一本「心智錯亂的書」，以此來批評他的猶太人兄弟。根據是，發瘋的第一個症狀，往往是產生其他所有人都是瘋子的幻覺。正因為如此，諾道爾博士不是一個跟大家一樣安全的傢伙。不過公共輿論立法會議駁斥了他的請求，「親愛的大家」則三塊一本、五塊一本地搶購這本書。這本書被翻譯成幾種文字，銷量達到數十萬冊，作者的純利足足有四萬美元。難怪聽說諾道爾博士一想到自己的作品讓世界那麼重視，就帶著鼓漲的口袋，跑到房後仰天狂笑！

　　如果道梅傑博士是神學界的巴那姆[042]的話，那麼諾道爾博士就是科學界的巴那姆。他敏捷地操縱事實的本領，就跟赫爾曼用手帕變魔術一樣。但赫爾曼的表演至少還值那個票價，而諾道爾的作品（看上去似乎是和朱爾斯・維尼以及馬克・吐溫合寫的）根本不值一塊錢。不過令我反感的是，赫爾曼教授的徒弟們老是裝模作樣，好像他的魔術裡還真有物化手段似的。而龍勃羅梭教授的門生則把他們自己叫做科學家，其實他們中每一個都是向著支票或者錢包去的，如果不是同時向著這兩樣去的話。

　　然而，正是巴那姆親口所說，大眾在被欺騙的時候總是興高采烈的，

[041]　贊格威爾（1864～1926）：英國猶太人小說家和劇作家。作者暗示贊格威爾是猶太人，不是基督徒。

[042]　費尼爾司・巴那姆（Phineas Barnum, 1810～1891）：，美國馬戲團節目演出經理人，1871年創立了世界大馬戲團，1881年與其主要競爭對手合併，形成巴那姆貝利馬戲團。

奇怪的是我們還非得讓自己交錢來享受被騙的特權。

諾道爾的成功祕訣在於，他勇於大膽猜測大眾對對立法則一無所知，雖然柏拉圖解釋過對立的事物看上去很相似，有時候就是真的相似 —— 而且他的闡釋已經很有年頭了。

大多數群眾回答說：「你心中有魔鬼。」

他們中的許多人說：「他心中有魔鬼，而且瘋了。」

菲斯圖斯大聲說：「保羅，你只有你自己。」

而諾道爾則用比彼拉多（Pontius Pilatus）[043] 更高亢，和比菲斯圖斯更嘶啞的聲音吼叫道：「惠特曼瘋了，毫無疑問地瘋了。」

1862 年，林肯從華盛頓一條街的窗戶裡望出去（在丁香花最後在庭院開放時），他看見一個工人穿著襯衫走過。總統轉過身，對一個朋友說道：「剛才走過了一個真正的男人！」這番驚嘆和拿破崙會見歌德時的講話異乎尋常地相似，但是科西嘉人的話是特意說給詩人聽的，而林肯並不知道那人是誰，雖然後來林肯結識了他。

林肯早年是一個勞動者和運動員，他從未清楚意識到他骨子裡仍然是一個伐木者（對於我來說，這很讓人慶幸）。他曾有一次告訴喬治·威廉·寇蒂斯說，他多半寧可回到農場，靠雙手賺下每天的麵包。晚上他會夢到這些。每次看到一個出色的做苦力的人，他都會由衷地為這人歡呼，和他握手，彷彿是他的兄弟。當他看到惠特曼在街上漫步，後面跟著一大堆人時，他把他當成了搬運工或者建築工人的頭頭。

惠特曼那時五十一歲。雪白的長鬚飄在胸前，如同朱比特

---

[043] 彼拉多：釘死耶穌的古代羅馬的猶太總督。

（Jupiter）[044] 一樣的前額上，濃密的頭髮是鐵灰色的。他的體形如同剛成年的阿波羅（Apollo）。他體重兩百磅，卻只有區區六英尺。他簡樸的棉襯衫從咽喉一直敞開到胸口。他氣質獨立自信，卻又顯得清爽、甜蜜、溫柔。這意味著，雖然他有巨人的力量，卻不像巨人那樣使用它。惠特曼不抽菸，也不讓烈性酒進入血液，蒼白的前額看上去讓人覺得他很虛弱，甚至有病患。其實他在五十三歲之前從未病過一天，雖然他的頭髮在三十歲的時候就變白了，他卻像那些特殊的人一樣，年輕時看著滄桑，而年老時又看著青春。

但是，五十三歲時他的健康被破壞殆盡。為什麼？因為他沒日沒夜地照顧受傷、生病和垂死的人，從早到晚不得歇息。從 1864 年到 1892 年他去世，他身體一直處於崩潰的狀態。但透過從少年時代就培養的樂觀精神、健康的生活態度以及年輕的心，他沒有因此而英年早逝。

布吉醫生曾擔任一家精神病醫院的負責人長達十五年，他也是惠特曼的一位長期密友。他說過：「他的體格和身高，他超乎尋常的心智和身體健康狀態，他身材的輪廓和體型，他心靈和身體的潔淨，他行為的優雅和莊嚴，尤其是他在場的吸引力，他聲音的魅力和親切的幽默感，他生活習慣的簡樸和品位，他超凡脫俗的自由心態，他舉止的大方和優美，他的沉靜和雄偉，他的慈悲和忍耐力 —— 他面對挑釁的從不怨恨，他的磊落和對所有年紀、所有地方的人一視同仁的同情心和博愛，他的寬容和來自天主教的親切，他無與倫比的吸引注意的才能，所有這一切，都證明著他完美、相稱的陽剛性格。」

---

[044]　朱比特：羅馬神話中統治諸神、主宰一切的主神，古羅馬的保護神。在古希臘神話中則稱為宙斯。

但惠特曼和龍勃羅梭[045]的信徒有兩方面顯著的不同：他並不拒絕世界，他也不矯飾自己。我們簡直可以朗誦這麼一首詩：「你最缺乏的一樣，哦，華特·惠特曼！就是財務觀念。」他死於貧困。但你省省吧，這不是墮落的證明 —— 當托爾斯泰伯爵（Leo Tolstoy）的子女企圖證明他精神失常時，這位伯爵用整個俄羅斯最睿智的聲音反駁說：一個遣散家財的人，並不比一個守財奴更愚蠢。

和賀瑞斯·德拉貝爾一樣，我斷定惠特曼是我見過的心智最正常的人。

有些人自己蓋房子，有些人則去租房子。華特·惠特曼本質上來說卻是世界的公民：世界就是他的家園，人類就是他的朋友。他身上有些特質尤其具有普遍性：一個強而有力的男人的姿態—從不索取，卻隨時準備奉獻。

他關愛男人如同關愛自己的兄弟，雖然他自己的親兄弟並不理解他；他熱愛孩子 —— 他們總是本能地親近他 —— 但他沒有自己的孩子；他愛惜女性，然而這位很有男人味的男人卻從未和任何女子墜入愛河。我在這裡可能和菲力普·哈默爾頓[046]談論透納時一樣，「他在這方面讓人哀其不幸：縱其一生，他未從一個好女子那裡得到淬煉與提升。」

兩個人才能建立一個家，第一個家是當女人在她愛撫的臂彎裡，搖晃寶貝、哼唱搖籃曲時出現的。我們體驗到的所有柔和的感傷，都來自一種神聖的想法，那就是我們要和某個人朝夕相處，那是「我們的」家。家是一個隱祕的場所 —— 在那裡我們得到徹底休息，把世界關在門外。愛人

---

[045] 龍勃羅梭（Cesare Lombroso, 1836～1909）：義大利犯罪學家。他認為有些人生來就具有犯罪天性，可以通過某些身體特徵辨認出來。

[046] 菲力普·哈默爾頓：英國批評家。

們建立家庭，就像鳥兒做一個巢，除非一個男人真正經歷非凡的激情，我看不出為什麼他要建立一個家，他可能只是租了間房子。

　　卡姆登被德拉瓦河從費城分隔開來。卡姆登地勢低緩──一片廣闊的沙地，充滿了單調的建築物。不時可以看到幾排廉價房屋，顯然是由河對岸冷靜的、寬邊禮帽的投機者建立的，這些人目不轉睛地盯住最大的獲利機會。但他們這次打錯了如意算盤，因為這個鎮子並沒有興旺發達起來。這裡的一些房子有大理石臺階和白色的百葉窗，也許還能賣出個價錢。當其中一幢舉行葬禮的時候，百葉窗上會綁著悲悼的、用黑色羊駝做的帶子，長達一年零一天。工程師、碼頭工、快遞司機和機械師構成了卡姆登市民的主體。當然卡姆登也有可以炫耀的地方，那裡聚集著繁榮的商業：居民們在前院打棒球遊戲，窗臺上有花盆箱，家裡有一架鋼琴，還有廊椅和院子裡的陶製雕像。但這個城市的絕大部分是出租屋，廉價的出租屋。

　　許多這樣的房屋都是模組化的，看著就像查爾斯頓或者里奇蒙那種搖搖欲墜的後街──窮苦的白人淹沒在繁榮的有色富豪之中。普羅維登斯[047]用窗格玻璃阻擋新鮮空氣，這裡用的是舊帽子；百葉窗晃蕩在那裡，只有一個鉸鏈拴著；煙囪頂部的磚塊隨時會掉下來砸中行人；以前是驕傲的木柵欄挺立的地方，現在是長木條和破海報遮蔽著；支柱多年以前就拿去生火了。在溫暖的夏夜，男人們穿著襯衫，麻木地坐在街旁抽菸，孩子們則把街上的沙子堆攏起來，在水溝裡玩。

　　和米克爾街平行，過一個街區遠就是鐵軌。吵鬧的吊車機車從不遵守安息日，不停地前後噴煙。不管白天黑夜，如果風向合適的話（一般情況下都挺合適），一陣陣煤灰和煙塵可以直接噴射到第 328 號。根據約翰・

[047]　美國羅德島州的首府。

西蒙茲和威廉‧羅塞蒂（William Rossetti）的說法，這裡居住著那個世紀最偉大的先知 —— 與蘇格拉底（Socrates）、愛比克泰德（Epictetus）、聖保羅、米開朗基羅和但丁齊名。

直到 1883 年 8 月，我才第一次踏上這條小街 —— 個悶熱難當的夏日夜晚。之前的一場陣雨把沒有鋪瀝青的馬路變成了泥漿。這裡的空氣悶熱，房子都建得離人行道很近。人行道下面的水槽裡，散發著蒸汽的汙水流淌著，似乎要把住戶們趕到街上來涼快涼快。光著腳的小孩子們在路邊玩泥漿。到處散布著懶散的人群，有些男人不僅把外套脫了，甚至連襯衫也脫了，穿著紅色的內褲，抱著嬰兒。

俗話說「女人的工作做不完」，但對於米克爾街來說這個說法似乎不成立 —— 等等，也許她們的事情在這裡的確也忙不完。不管怎麼說，我記得那些女人穿著印花布衣服，或坐在馬路邊上，或倚在窗戶邊，都顯得優哉遊哉。

「你能告訴我惠特曼先生住哪裡嗎？」我問一位用手肘支著窗沿的魁梧女性。

「誰？」

「惠特曼先生！」

「你是說華特‧惠特曼？」

「是的。」

「莫莉，給這位先生帶路，我敢肯定他會給你一個五分硬幣的！」

我開始並沒看見莫莉。她站在我身後，但是當她媽一說話，她便立刻緊緊抓住我的手指，似乎宣布我是她合法的戰利品。其他所有的孩子都投來欣羨的目光，她則還以輕蔑的眼神，帶著我走了。莫莉已經五歲多，即

將六歲，這是她說的。她頭髮火紅，臉上髒髒的，腳上有些裂口，但走起路來無聲無息。她得到了那個五分硬幣，放在嘴裡，這使得交談變得困難。走過一個街區後她立刻停下了，拉我轉了一圈，指著那裡說：「他就住這裡！」說完就沒影了。

在那座寒酸的、飽經風霜的房子門口，稍微裡面一點的走道裡，這位哲人坐在藤製的輪椅中，沒穿外套。雪白的頭髮雜亂地盤繞在他的頭上，遮住了一點面額。

我準備了一段簡短的說辭，背了好幾個星期，好讓自己面對他時能複述出來，告訴他我讀過他的詩歌並且熱愛它們。我甚至在心裡珍藏了幾頁《草葉集》，以便在適當的時候展現出來，證明我的景仰是真摯的。但是當那個小丫頭猛地拉著我站在他面前，又把我無情地扔在這裡時，我只是傻傻地注視著這個我跋涉了一百英里來探望的人。我開始努力搜索我那段說辭，可是怎麼也說不出來。

「你好！」哲學家招呼道，從那圈蓬鬆的白色光環裡探出頭來，「來這裡，孩子！」

他握住我的手好一會兒，我覺得這裡面肯定有什麼深意。

「先別走，喬伊，」他對一個坐在臺階上抽圓煙斗的男子說。

「那個老女人在叫我了，」黑黝黝的喬伊說。

喬伊顯然輕輕鬆鬆就掌握了真理。「再見啦，華特！」

「再見，喬伊。坐吧，年輕人。」

我坐在臺階上，他的腳邊。

「這真奇怪 —— 那傢伙是個正經的哲學家，解決了一些偉大的問題，但他卻恥於表達他自己。他就算會飛也不會在你面前炫耀。太害羞了，

我覺得。為最好的自己感覺害臊。我們都有一點這樣的毛病 —— 所有的人，除了我 —— 我努力寫出自己最好的詩，不管它是否荒唐 —— 也不管別人會怎麼想怎麼說。居然會恥於面對最神聖的自己，最真實最好的自己，這難道不太糟了嗎？

「你已經二十五歲了？唔，孩子，你會一直成長，直到三十歲，然後你就到了最智慧的時候。你沒發現六十歲的男人不再像四十歲的時候那麼視野清楚了？一個原因是我們已經領悟到了生命和死亡的奧祕。但是更主要的原因是我們恥於放開我們自己。耶穌可能比任何人都更加表現了他自己的獨特個性，所以他比任何人的影響都大。儘管我們關於他的生命，只有短短二十七天的記載。那個剛剛離開的人是個工匠，他有一些美好的夢想，但他從未和任何人表達過 —— 只是對我暗示了一些，僅僅漏了一線微光。他就像一隻鼬鼠，或者一隻水貂，或者一隻北美夜鷹 —— 只有晚上才出動。

「『如果天氣一直都是這樣的話，人們永遠不想學讀和寫』，在你剛到的時候，喬伊對我這麼說。難道不是這樣嗎？在這街上隨便點點我們都能數出一百號人來。但沒有一個讀書，大家都懶洋洋地靠著，除了孩子們 —— 可孩子們只是興高采烈地玩泥巴。為什麼呢？因為如果這種炎熱天氣繼續下去，我們都會變成南邊海島上的居民！只有在靠近北溫帶才能培養出好人來 —— 如果你離開了冰川的蹤跡，想找出一個心地善良、富有同情心的人就是碰運氣了。」

然後，老人家突然住了口，我尋思他在心裡默默地跟著自己的思路。我們安靜地坐著，黃昏的微光漸漸黯淡下去。一個點燈人把街角的路燈點亮，他走過的時候立刻停下，並給詩人一個快樂的致敬。坐在門階上的男人站起身，穿過街道，一邊抽著菸，然後在靴子底上把煙斗裡的灰敲掉，

進屋去了。女人們召喚著自己的孩子，他們卻沒有誰答應，只是自顧自地玩。於是他們被一個個抓回去，餵進牛奶和麵包，然後被迫上床睡覺。不久，一些女人尖銳的聲音嚴厲地命令孩子們進屋，那些孩子乖乖地聽話了。

夜晚緩緩地爬來。

我聽見老華特在我身後吃吃地笑，語無倫次地自言自語，然後說：「你是不是奇怪我怎麼會住在這樣一個地方？」

「是啊，我正是這麼想來著！」

「你覺得我屬於鄉村，某個安靜的、多樹的角落。但我要做的只是閉上眼，我就能到那樣的地方。沒人比我更喜歡樹林 —— 我是在大海的聲音中出生的 —— 在長島下面，我知道所有貝殼的歌聲。但是這裡的嘰嘰喳喳讓我感覺更好，特別是在我的腿腳不靈便了以後 —— 因為就算我沒法走路，我仍然可以融入人群。

「在林子裡住，一個人必須自食其力。我喜歡那些街坊，樸素、無知、謙遜的鄉下人。那些在我的地窖門前跑來跑去的年輕人一點都不打擾我。我和卡萊爾不一樣 —— 你知道他有個隔音室可以把自己鎖在裡面。而我這裡，當一個小販路過，叫賣他的陶器，我經常打開百葉窗，和他爭論，討價還價。但那些街坊有辦法給我弄一車，卻不收我的錢。今天一個愛爾蘭人留下了三夸脫漿果，卻在我要付錢的時候假裝生氣。他走了以後，我把孩子們都叫來，快樂地吃了一頓。

「沒錯，我喜歡這裡的人，我喜歡那些女人、那些男人、那些小孩子，還有那些年輕人，在巷子裡玩耍，在我的臺階上做泥餅。我想我可能要在這裡終老了。」

「你談到死亡的時候，就好像理所當然似的 —— 你不怕死嗎？」

「哦，不怕，我的孩子。死亡和生命一樣自然，還更仁慈一些。其實一切都是好的 —— 我接受一切並奉上感謝 —— 你沒忘記我為死亡寫的聖歌吧？」

「當然沒有！」

我背誦了《喪鼓》裡的幾行。

他跟我一起背，一邊用手杖輕輕叩擊地板，嘴裡不時說一些感嘆詞，諸如「是這樣！」「非常正確！」「好，好！」等等。當我結結巴巴，續不下去的時候他重新接上，如同「我靈魂的聲音記錄著鳥兒的歌唱」。

用一種強烈、清晰，但又帶有情感完全昇華的嗓音，他背誦著那不朽的詩行，「來吧，親切又讓人寬慰的死亡」。

來吧，親切又讓人寬慰的死亡

在世界上如波浪起伏，沉靜地到來，到來

在白天，在夜晚，遍及所有，遍及每一人

或早或遲，死亡精巧地降臨

深不可測的宇宙是值得讚美的

為了生命，為了歡欣，為了好奇的目標和求知欲

更是為了愛，甜蜜的愛 —— 一定要讚美！讚美！讚美

讚美死亡那冰涼的臂彎，纏繞在世間

黑暗母親，你永遠在周遭飄行，雙足輕柔

沒人心懷盼望地為你唱出聖歌嗎？

那麼我來為你歌唱，讚揚你超越一切的榮光

當你必然到來，不可避免時，我為你帶來這首歌

悄悄接近，致命一擊

此時大限來到，此時你將他們帶走

我歡樂地誦唱死亡

在愛中迷茫，在你的大海中飄蕩

沐浴在你祝福的波濤裡，哦，死亡

我為你吟唱快樂的小夜曲

我要為你起舞，向你致敬，為你裝飾，為你盛宴

開闊的視野和高遠的蒼穹與你相稱

還有生命和原野。巨大深奧的黑夜

璀璨群星之下，黑夜靜默

海岸之旁，沙啞的耳語陣陣傳來，那是我熟悉的聲音

靈魂投奔向你，哦，遼闊和神祕的死亡

身體則是感激的嬰兒，親近於你

越過樹冠，我的歌聲漂浮向你

越過起伏的波浪，越過無數的田野和草原

越過密集的城市，越過飛速的齒輪和道路

我歡樂的頌歌飄蕩向你而去，哦，死亡

最後一個遊蕩的年輕人從街上消失了。門前的臺階荒蕪 —— 曾幾何時，青年和少女坐在那裡，看著夕陽，竊竊私語。

天上的雲漸漸散去。

一顆巨大的、黃色的星星從煙囪頂部冉冉升起，出現在東方。

我站起身，準備離去。

「我希望你能經常來 —— 最近很少見到你啦，孩子。」老人家說道，

有一些哀傷。

　　我沒解釋說我們之前從未謀面 —— 我是專程從紐約過來看他的。他以為他認識我。據我所知，他也是這麼做的。其他的無關緊要。至於我的職業和名字，有什麼要緊！他對於我沒有好奇心。我伸出雙手，緊緊握住他的手。

　　他沒有再發一言，我也是。

　　我轉身走到了輪渡站 —— 穿越了在門階上竊竊私語的戀人們，穿越了機器轟鳴的鐵軌。當我走到渡口時，從西邊吹來的風帶來了涼爽和新鮮的空氣。東方的星更加明亮了，其他的星星也陸續出現，彷彿德拉瓦州黛藍夜空上閃閃的寶石。

　　在河面上迴響的鐘聲有一種莊嚴的氣質。我內心滿溢，因為我感覺到那種站在一個偉大和充滿愛的靈魂面前的戰慄。

　　這是我第一次也是最後一次見到華特・惠特曼。

　　一個真正的好作家不擔當任何使命：他們從不把自己當作指路明燈。有些時候他們激起讀者的迷思，有些時候他們帶來歡笑，轉移我們的視線 —— 讓我們從日常工作中暫時離開。暫時的忘卻在某種程度上是有益的，但有一個界限，超過的話，腳下的路就變成了海市蜃樓。即便偉大的詩人，偶爾也會被他們本應揭露的事情所迷惑。

　　荷馬似乎對很多簡單的真理都視而不見；維吉爾（Virgil）[048] 讓你忘掉塵世；賀瑞斯（Quintus Horatius）沒有他的魔力就什麼也不是；但丁讓你心靈成為一個被放逐者；莎士比亞對懷疑、困難和普通人的日常生活異乎尋常地沉默；拜倫的海盜船生活對你的苦工毫無幫助，而在他和英格蘭

---

[048]　維吉爾：古羅馬詩人。

吟遊詩人及蘇格蘭評論家的激烈爭鬥中你只想保持中立；被波普 [049]《群愚史詩》的陷阱套住不是件讓人愉快的事情；而洛厄爾的《批評家寓言》不過是另一個《群愚史詩》。但是在有史以來所有的詩人之上，《草葉集》的作者是人性的詩人。

彌爾頓對天堂瞭若指掌，但丁則帶我們遊遍地獄，可是只有惠特曼給我們展示人間的景象。他的聲音從未高亢到成為一種虛偽的假聲，也從不低沉咆哮、怒罵自己不理解的事情，更不會因為不懂而厭惡。他如此偉大以至於毫無嫉妒之心，他的洞察如此確定以至於他沒有偏見之心。他從不誇耀自己曾名噪一時，也不宣稱自己比其他任何子民缺少什麼。他對於一切都完全公平，和窮苦、卑賤、墮落與被壓迫的人混雜在一起，也和有教養的、有錢的人自如往來 —— 就只是兄弟和兄弟的關係。他曾經對一個被排斥的人說：「除非太陽驅逐了你，我不會將你拒之門外。」這是如同神一般的情感之聲。

他是自然之力的兄弟 —— 山脈、海洋、雲朵、天空。他愛所有這些，並且在自己巨大、自由、無私、天然的個性中完全分享它們。他的心沒有邊界，他立足於花崗岩之中，腳印踏入無限之內，他明白時間的遼闊。

只有偉人才是慷慨的；只有強者才是慈悲的。像洛特的妻子 [050]，大多數詩人沉湎於回顧；那些沒有朝後看的人則堅持我們必須望眼未來，絕大多數塗鴉者接受這麼一個準則，「人們永遠不會幸福，但總是期盼幸福」。

我們既哀嘆孩提的歡樂時光，又渴望在天堂裡甜蜜地安息，同時還嚮

---

[049]　波普（Alexander Pope, 1688 ～ 1744）：英國詩人。《群愚史詩》是蒲柏最有名的諷刺作品。

[050]　洛特是《聖經・創世紀》裡說的一位君子，住在所多瑪城裡。由於所多瑪、蛾摩拉兩地的人罪孽深重，上帝決定降天火毀滅他們，事前遣天使叫洛特攜妻子、女兒一起出城，但「不可回頭望」。洛特的妻子按捺不住好奇心，出城之後回頭望了一眼。馬上變做了一根鹽柱。

往豎立於天空的高樓大廈。我們這樣的人如此無關緊要，我們的朋友如此漠不關心，我們如此不被理解，我們的環境摧毀了我們剛剛萌芽的靈性，嫉妒的嚴霜剪斷了我們的渴望：「噢，天堂，噢，天堂，世界正在老去；沒人能抵達安息和自由之地，在那裡，愛永遠不會冷卻。」所以，為鐵筆唱起可怕的生硬之歌吧。噢，貧血的他，蒼白的她，諷刺癲狂，啜飲茶水，為什麼不這麼想呢：儘管進化論者告訴了我們來自何方，神學家指點了我們要去哪裡，但我們唯一能真正確定的是，我們此刻在這裡！

當下是永恆移動的光點，在這裡歷史終結，預言開啟。這個時刻是我們唯一擁有的：過去，我們只能靠逐漸湮滅的記憶、蹣跚的回想，以及謠傳和信任來觸摸；未來，我們只能靠渴望的約定和焦急地希冀來穿透；但是此刻，就在我們的腳下。

惠特曼歌唱此刻的美麗和榮光。他責備我們的哀號和嘆息 —— 命令我們去看造物神奇的每個面，以及我們掌握中的奇蹟。他提升我們，修復我們，使之成為我們本身。他把我們介紹給人類和自然，由此為我們注入勇氣、氣概、自主和堅定的信仰。這種信念，只有我們對神和我們的血族關係的堅信可以媲美。他和宇宙混為一體，以至於他的聲音，如同四大要素 [051] 的統一和坦蕩一樣散發開來。胸懷純粹的誠實，這個人不懼怕，不羞恥，因為大路也從不憂懼、羞愧或者虛榮。在《草葉集》中，惠特曼代表所有信奉神和信奉自己的人說話 —— 如神諭一般，沒有辯解，沒有低聲下氣 —— 也因此無所畏懼。他道出了遍及和指引所有生命、所有死亡、所有意志的力量和奧祕。他的作品是陽剛的，正如太陽是陽性的一般；就像搖籃曲和抒情悲歌是陰性的一樣，先知的聲音肯定是陽性的。

惠特曼為心靈的萌芽帶來陽光的溫暖，因此它們能夠打開，發展出形

---

[051] 指土、水、氣、火。

狀、顏色和氣息。他是它們的滋養和露水，讓這些嫩芽可以開花結果，長出高大的枝幹，成為莊嚴的大樹，投射出清涼的樹蔭。

　　有些人，對另外的人來說，是疲倦之地裡一塊充滿力量的石頭 ——華特·惠特曼正是如此。

第八章　維克多·雨果

維克多·雨果（Victor Hugo, 1802 ～ 1885），法國浪漫主義學運動的領袖，是法國文學史上最偉大的作家之一。他的一生幾乎跨越整個十九世紀，他的文學生涯達六十年之久，創作力經久不衰。一生中寫過多部詩歌、小說、劇本、各種散文和文藝評論及政論文章，其中他的浪漫主義小說精彩動人，雄渾有力，對讀者具有永久的魅力。

人類並不是自己人生的主宰，也不是自己命運的主宰。他能貢獻給他的同胞們的，只是減輕人類苦難的努力；他能貢獻給上帝的，只是對不斷壯大的自由的不屈忠誠。

—— 維克多‧雨果

雨果的父親是拿破崙軍隊裡的一位將軍。他的母親是一位擁有罕見的優雅、勇敢和機智的婦女。雨果是家中三個兒子中的老么。在最小的兒子出生之前的六個星期，這位母親給丈夫的一位極好的朋友寫信道：

致維克多‧拉哈里將軍

將軍：

很快我就將成為第三個孩子的母親了。如果您能做他的教父，我將不勝欣喜。他將會取您的名字：您從未辱沒這個名字，而是給它帶來無上的榮耀 —— 維克多或維克多莉。您的應允將會證明您與我們的友誼。

請您接受，將軍，我們誠摯的友誼的保證。

雨果夫人

曾預想出生的是維克多莉，但降臨人世的是維克多。拉哈里將軍當了新生嬰兒的教父。

軍人家庭漂泊不定，四海為家。1808 年，雨果將軍與約瑟夫‧波拿巴（Joseph Napoleon Bonaparte）一起待在西班牙。維克多已經六歲了，他母親在巴黎斐揚泰茵帕斯的一座古雅的宅第裡安了家。

這是在法國偶爾能見到的那些古老而奇特的房子之一。倫敦郊外有一些；而在美國，據我所知是一處也沒有。宅第寬敞、舒適、古樸，被高大的喬木、糾結的灌木、藤蔓和花兒所環繞；之上是一堵高高的石牆，前方

佇立著哨兵守衛的鐵門。它是用馬賽克裝飾的作品 —— 十六世紀鑲嵌藝術的典範；它孤獨如樹木、靜謐如寺廟、莊嚴如森林；宜展開夢想的翅膀，宜馳騁於幻想的樂園，宜放鬆身心。宅第後面是一處破敗的小教堂。一位上了年紀的牧師數著念珠、做著每日彌撒，並奮力把蚊蛾、鐵鏽和腐朽的氣息從禮拜堂趕出去。這位牧師是一位學者，一位飽學之士：他是雨果夫人孩子們的老師。

還有另外一個男子住在這個小教堂。他從不邁出大門，往往在深夜健身操練。在祭壇小屋裡有他的一個簡易床，枕頭下面是兩把手槍和一本塔西佗 (Tacitus) [052] 的作品。這個男子夏天和冬天都住在這裡，雖然冬天這裡天寒地凍，只有少許陽光從殘破的窗戶偷偷地溜進來。他也是孩子們的老師，給他們講一些歷史的課程。他非常喜愛那個最年幼的男孩，經常把他扛在肩膀上，給他講勇士的故事。

一天，來了一隊士兵。他們抓到這個男子，並用鐐銬銬住他。母親試圖把孩子們留在房裡，不讓他們看到這個情形，但她並未成功。男孩們非常憤怒地與母親和傭人抗爭，極力想救回這位年老的男人。士兵們每四人列成一隊，將他們的囚犯帶走了。

此後不久，雨果夫人路過上隘口聖雅克教堂，拉著她最小的兒子的手。她看到一個巨大的告示張貼在教堂前面。她停住了，指著它說：「維克多，讀一讀！」男孩讀了，告示上說，拉哈里將軍當天在格林威爾平原，依據軍事法庭的命令被槍決。

拉哈里將軍是來自布列塔尼半島 [053] 的一位紳士，他是一位共和黨

---

[052]　塔西佗：古羅官員和歷史學家，他的最偉大的兩部著作是《歷史》和《編年史》，記述了從奧古斯都之死到多米西安之死這期間的史實。

[053]　歷史上的一個地區，厚法國西北部一省，位於英吉利海峽和比斯開灣之間的半島上。500 年，被盎格魯－撒克遜人驅逐出家園的布立吞人定居於此。1532 年該地區正式併入法國。

人，五年前嚴重冒犯了皇帝。針對他的陰謀造反的指控被確認，懸賞要他的腦袋。他在教子母親的幫助下找到了臨時避難所。此次悲劇性的逮捕事件，以及宣布拉哈里將軍被槍決的告示，在小維克多成長過程中的靈魂深處烙下了印跡，誰能說，這給他今後的人生抹上了多麼濃重的一道色彩？

當拿破崙走向沒落，雨果將軍也正遭遇他的滑鐵盧。他的家產被充公，貧困代替了富足。

維克多十九歲時，他母親去世了，家庭生活開始破敗。《悲慘世界》裡描述了馬里奧早年的奮鬥；作者曾告訴我們，這可以當作是他的自傳。他講述了這位年輕人是如何住在一間閣樓；如何打掃這間破損的小屋；如何只能購買一便士錢的乳酪，等待黃昏來臨時才去買一塊麵包，然後偷偷溜回家，好像偷了這塊麵包似的；如何手臂下夾著書來到屠夫店，嘲諷他的雜役工用胳膊肘子捅他的時候，感覺到自己前額汗珠的冰涼，然後對著滿臉驚訝的屠夫脫帽致意，討要一小根羊排。而這根羊排被他拿回小閣樓，自己動手烹製，要三天才捨得吃完。

就這樣，他努力使每年的花費控制在兩百元以內，而這是他寫作詩歌、小冊子和小品文的稿酬收入。這時他已是一位「桂冠學者」，他參賽時創作的一首詩已使他嶄露頭角。

二十歲時，他終於三喜臨門：他出版的一本詩集給他帶來七百法郎的收入；該書出版後不久，路易十八（Louis XVIII）[054] 深知與作家為友的價值，授予他一百法郎的年金；這兩喜加在一起促成了第三喜 —— 他結婚了。

早婚同晚婚沒有太大區別：可能明智，也可能並不明智。維克多‧雨

---

[054] 路易十八：法國國王，對文學很感興趣。

果與阿黛爾・符歇的聯姻是非常幸福的。

　　像雨果那樣擁有獨立思想的男人，自然會樹敵。「古典派」確定他正在玷汙古典法語之源泉，於是他們企圖寫文章貶損他。然而既然你已經把他給寫出名了，你不能接著又寫垮他；唯一能扼殺一顆冉冉升起的文壇之星的辦法，就是保持沉默。

　　維克多・雨果找不到詞的時候就自己造詞，把片語顛來倒去，把句子弄反，從來不把鏟子稱作農具。他還不滿足於此，經常在不必要的時候突出地使用鏟子這個詞，偶爾還在這個詞前加個形容詞 [055]。如果沒人惹他，他不會這樣做的。

　　審查官告訴他，不能使用神的名字，也不能如此頻繁地提及國王。他並沒有作什麼回應，而是立即使他的「顛三倒四」變本加厲，並在他的舞臺上演了三場《湯姆叔叔的小屋》。像莎士比亞一樣，他大量地使用成語與俚語 —— 任何能表達意思的詞語。這樣寫能表達意思嗎？如果能，就這樣寫。一旦這樣寫了，魔鬼也好，他的贊助者也好，都不能讓他作任何變動。但是為了說明真相，請讓我記錄這一個例外：

　　「我不喜歡這個詞，」瑪爾斯小姐在《艾那尼》[056] 的排練上對維克多・雨果說道，「我不能改動它嗎？」

　　「我這樣寫的，就必須這樣用。」這就是回答。

　　瑪爾斯小姐用另一個詞來替代作者原來的詞，他立即要求她退出她扮演的角色。她哭了，答應用原來的詞，然後受到歡迎而恢復演出。

　　一次又一次地排演，詞句一遍遍地按作者寫下的重複，正式演出之夜

[055]　法語的形容詞一般放在被修飾的名詞後面。
[056]　雨果所作戲劇。1830 年首次公演，曾引起古典派與浪漫派之間的激烈鬥爭。

終於到來了。舞臺裝飾得極為華麗，觀眾如潮。戲劇在熱烈的掌聲中進行著。出現那個令人生厭的詞的場景終於來到。瑪爾斯小姐用它了嗎？當然沒有。她用了她自己選擇的詞 —— 她只是一個女人。她扮演這個角色整整五十三次，竟然一次也沒用作者的那個寶貝詞；他也聰明得可以，從未去注意這個事實。這件事情的寓意就是，即使是一個強大的男人，也不能對付一個在恰當時候落淚的弱女子。

審查機構要禁演《瑪麗蓉・德洛爾墨》，除非修改其中一段歷史性的情節。作者會那麼友善地去修改它嗎？他絕不。

德馬蒂拿先生說道：「那麼，它將被禁演。」

作者匆匆地去與部長本人面談。他得到了「冷如北極」式的接待。實際上，德馬蒂拿先生說那天他的日程安排得滿滿的，並且劇本創作也實在是一件愚蠢的行為；但如果一個人非得要寫，他就得寫得能逗人笑，而不是拿出訓人的架勢。然後年輕的雨果就被打發走了。

當發現自己已經走出大門時，他感到憤怒。他要親自面見國王，他也確實見到了。陛下既親切又耐心，他傾聽了這位年輕作家的請求，並探討書中知識，還朗誦詩歌，表明他是熟知雨果的詩歌的，他還問候了作家的妻子和孩子，然後說道 —— 該劇不能上演。雨果掉頭走了。查理十世（Charles X）把他叫回來，說他非常高興作家能來 —— 說實在的，他都打算派人去請他來的。從此以後，他的年金將加到六千法郎。

維克多・雨果拒絕接受。當然，報紙滿是有關此事的報導。所有咖啡館都有了自己的立場：巴黎有了一個表明態度的話題，而且巴黎使這種表明態度的機會增多了。

保守勢力使該劇的演出停止了，那麼只剩一件事情可做：另外寫一

篇。因為雨果的劇作必須搬上舞臺。他所有的朋友都這麼勸他，他的聲譽岌岌可危。

三周後，另一部戲劇完成了。檢察官審閱並給出了他們的報告。他們評論說，《艾那尼》從觀念上來說是古裡古怪的，從寫作方面來說是抱殘守缺的，通篇都是冗言誑語，整體來說是粗製濫造的次等品。但他們還是建議該劇可以搬上舞臺，為的是可以讓大眾看看作家可以胡鬧到什麼地步。為了保護審查機構的尊嚴，他們列了一個清單，標明劇本有六處需要進行修正。

雙方都有些擔憂，因此都願意做一點點讓步。劇本作了改動，該劇面世的重要的日子也逼近了。浪漫派當然非常渴望此劇的演出是一次巨大成功；古典派的意願卻恰恰相反；實際上，他們已經把掌聲帶起來了，正想把它噓下去呢。好在作者的朋友眾多，他們既年輕又精力充沛。他們關起門來開了好多次會，並發了毒誓一定要讓該劇上演。

首演的那天，離劇幕升起還有五個小時，他們就到了劇場，占了劇院最好的位置，也占了最差的位置，即那些喝倒彩的人通常躲藏的地方。這些自由主義的宣導者們穿著或綠、或紅、或藍的外套，打扮得像鬥牛士，腳下的褲子、頭上的帽子要麼相配、要麼標新立異 —— 只要是能挑戰傳統的裝束就行。在演出過程中有一陣騷動。狄奧斐爾 [057] 曾以非常有趣的方式描述了這一事件，在《浪漫主義史》中可以找到記錄此事的詳細情況。

幾位美國作家曾談及這個特別的主題。可是，所有這些覺得此事值得一寫的作家，似乎在上帝下著幽默之雨時躲到了傘下。一位作家稱之

---

[057] 狄奧斐爾：1811～1872，法國作家，其影響法國文學從浪漫主義向美學主義和自然主義轉變。

為「文學大革命的爆發」。他談到了「鬱積的火焰」，「群眾憤怒地戰鬥，衝破了聲譽、年齡、階層、財富和傳統的壕溝」，「壓迫和消滅異端」，「那些企圖阻止文明向前發展的人」等等。還是讓我們明智一點吧。「搶棍子比賽」[058] 不是革命，哈佛的「惱人的星期一」也不是「向前向上發展的決定性戰役」。

如果《艾那尼》被噓下去的話，維克多・雨果可能活得一樣長，而且可能寫得還要更好。

文明並不掌握在穿著鮮豔的喧鬧年輕人手上；即使每一個捲心菜都擊中了它要留下標誌的對象，每一個雞蛋都濺汙了它的目標，晨星們仍會齊聲歌唱。

《鐘樓怪人》接著面世了，共花了五個月寫成，獲得了巨大的成功。出版商們圍著他轉，希望他能寫出另一部這樣的小說，但他更喜歡詩歌。整整三十年後，他的下一部小說《悲慘世界》才問世。然而這段時間他一直筆耕不輟 —— 戲劇、詩歌、隨筆、小冊子。他所寫的每件作品都有眾多讀者。在反對的浪潮和高聲喝彩中，他不斷地結識朋友，穩步前進。

像維克多・雨果那樣的人可以被殺或被流放，然而絕對不可能被收買，也絕對不可能被嚇得噤聲。他退出了年金，並勇敢地用他自己的方式表達自我。

他熟諳歷史並戲耍歷史；政治被他引以為樂。但如果稱他為政治家那就大錯特錯了。他勇於做冒失、衝動、急躁和激烈的事情。偉人之所以偉大，並不意味著他處處完美。維克多・雨果從不需要矯飾 —— 真理會回答：他會使用一桶炸藥來捕殺一隻蒼蠅。他是一位煽動家。但是我們需要

---

[058]　始於 1874 年的一種使大學新生適應大學生活的比賽。

這些熱心的人 —— 不是要他們支配我們，或是要我們盲從，而是他們會讓其他人為自己想想。然而在一個君主政體下做這些事是不安全的。

光陰荏苒，到了要麼是雨果、要麼是王室離開的時候了，法蘭西並不寬容到足以同時容納兩者。最終離開的是雨果，一筆兩萬五千法郎的懸賞，死的或活的都行。在一位女士的幫助下，他遠走布魯塞爾。之後被趕到澤西，然後到了根西[059]。

十九年之後他才回到巴黎 —— 經過多年的流放，也是多年的榮耀。命運之神使他受到流放，也讓他能從事他的工作！

每天，有艘汽船從南安普敦開到根西、奧爾德尼和澤西，這些都是廣袤世界中無數農家子弟耳熟能詳的地名。

你可不會弄錯這些峽島小船 —— 它們聞著就像個鄉村集市，即便你又聾又瞎也絕不會上錯船。每當這些堅固的小汽艇停靠在英格蘭，裝著眼神溫和、身體健壯的小牛犢的柵籠，沿踏板滑下，被標上記號運往緬因、愛荷華、加利福尼亞，或地球上某一遙遠角落。在那些地方，小牛閣下們（價值相當於其等重的黃金）將建立自己的王國。

我佇立在碼頭，看著牛乘客們登岸，不經意聽到兩個長相粗獷、臉龐紅潤的男人之間熱烈的談話，他們穿著燈芯絨褲，扛著又長又粗的棍子。他們的對話中，我問或聽到王室、名人和知名藝術家的名字 —— 還有武士、雄辯家、慈善家與音樂家的字眼。這些村夫鄙野是否也可能是詩人？很可能是這樣。此時湧入腦際的是梭羅[060]、華特·惠特曼、喬奎恩·米

[059] 西海峽群島一根西島，位於法國西海岸，英吉利海峽南端的一組群島，是英國屬地。

[060] 亨利·梭羅（Henry Thoreau, 1817～1862）：美國作家，美國思想史上有創見的人物。他一生大部分時間在麻塞諸塞州的康科特城度過。在這些地方他與新英格蘭的超驗主義者來往，且在瓦爾登湖住了兩年。他的作品包括《和平抵抗》和《湖濱散記》。

勒 [061]，以及那一大群身著襯衫的高尚詩人們。

突然，風勢逆轉，幕簾落地；剛剛被人隨意談及的所有這些神聖的名字，原來屬於有超大產奶紀錄的「家族」所有。

我們登上船，漸漸沿索倫特海峽滑行，我和這些人相熟了，並享受到了我離開德克薩斯後聽到的更多的奶牛話題。

我們見到了狄更斯的出生地波特西島，路過朴茨茅斯時瞥見塔頂，隨後是維特島和古雅的考斯鎮。我的澤西朋友指給我看時，我開了個考斯鎮的玩笑，結果玩笑沒什麼效果。

八個小時的愉快航行後，根西的懸崖峭壁映入眼簾。驚濤拍岸，水花飛濺，它們從南面的海水中凌空而出，升至二百七十英尺高。圍繞著它們的是一大群鳥兒，盤旋著，滑翔著。景象天然、奇峻而浪漫。

根西島有九英里長，六英里寬。它最大的鎮子是聖彼得港，居民約一萬六千人。整整一打的旅館行李搬運工迎接到來的汽船，搶著幫你拿行李。

這裡的旅館和寄宿房又多又好。根西是一處病人療養勝地，也是那些渴望逃離繁忙世界的人們的世外桃源。事實上，《悲慘世界》的作者，把流放變成了一件時髦而受歡迎的事情。

在聖彼得港我住的旅館那裡，一位加夫羅契 [062] 的小複製品和我搭話，他衣衫襤褸，主動提出帶我帶去歐特維爾屋，只要一個便士。我雖已知線路，但還是接受了這位加夫羅契承諾的提議，他答應向我透露該地的一個祕密。這個祕密是：這處宅子鬧鬼，刮東風的日子，月亮西沉時僅照

---

[061] 喬奎恩・米勒：美國詩人、記者。
[062] 加夫羅契：雨果作品《悲慘世界》中的人物，一個聰明有主見的小男孩。

了一小圈光在岩石上方，幽靈們便出來了。它們在書房的玻璃屋頂上大跳一種蕭穆的米奴哀小步舞曲[063]。

加夫羅契也見過這些舞蹈的幽靈嗎？不，但他認識的一個男孩見過。時光過了一年又一年 —— 在很多很多年以前 —— 遠在這裡出現汽船之前，只有一艘雙桅縱帆船每週到根西島一次，一個女人在歐特維爾屋被殺。她的幽靈帶著其他的幽靈回到這裡，把居民們都趕走了。於是這個大宅子就成為了空宅 —— 留給這些不付房租的幽靈們。

好長好長時間以後，維克多‧雨果來到這裡，並住在這空宅子裡。這些幽靈們從不騷擾他。是真的！它們把這個地方占下來就是專為他準備的。起初他租下了這所房子，他非常喜歡，就把它買了下來 —— 由於鬧鬼，只需付一半的價錢。這裡，每個耶誕節，維克多‧雨果都會在那個大橡木客廳裡，給根西所有的孩子們舉辦大型晚宴：有幾百個孩子呢 —— 從還只是會爬的嬰孩，到長了鬍鬚的「男孩」們。他們可以享受到火雞、果餡餅、蘋果、柳丁和無花果；並且，離開時每人還可以拿到一包糖果回家。

爬上一條窄窄的、彎曲的街道，我們來到了這幢坐落在一處懸崖之巔的雄偉、昏暗、陰沉的大宅子。這所宅子因為一位前住客的怪異念頭，而被漆成了黑色。

「我們就這樣聽之任之，」維克多‧雨果說道，「自由已死亡，我們正深深地悼念她。」

然而歐特維爾屋僅是外表陰沉，屋裡則處處顯得溫暖而親切。傢俱擺設仍如詩人離開時的樣子，而他個性的標誌則處處有所體現。

---

[063] 米哀奴舞：一種緩慢的、莊重的四三拍的舞蹈，由一群舞蹈者結伴而跳，源於十七世紀的法國。

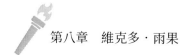

外廳矗立著一根雅致的雕花橡木柱子，鑲嵌在上面的板畫是《鐘樓怪人》的場景。餐廳裡到處都鑲嵌著奇妙的金屬板和瓷磚壁板。這些飾物中好多都是贈禮，是世界各地的仰慕者贈送的。

《悲慘世界》中有條線索揭示作家對樹木紋理之美的喜愛，結果是雨果源源不斷收到拋光的面板、厚平板、切片、砍片、木雕，而有一次有人發了一根木頭過來，要「收方付款」。那裡有各種各樣的樹木的樣品，如紅木、黑檀、柿木、金縷梅、蘇拉達尼木[064]、羅望子、緞木、桃心木、胡桃木、各種楓木，以及數不清的橡木。我注意到，一把巨大的斧柄掛在牆上，上面的標籤寫著「胡桃木／山胡桃木，來自密蘇里州」。

這些樹木樣品有時候做成了帽架、椅子、手杖、門的面板，以及在這些雜亂房間的一些古怪角落裡也可以見到它們。查爾斯・雨果[065]一次帶開玩笑地給一位朋友寫信：「我們已經三年沒買柴火了。」在另一封信裡，他寫道：

「父親仍然自認為會畫素描，肯定自己會雕刻。他有幾把傑克刀[066]，在手杖和傢俱上都刻上名字、日期和徽章——我們都為那架鋼琴感到擔心。」

餐廳裡，我發現一張巨大的橡木椅用鏈條拴在牆上。壁爐架上是一座聖母雕像；底座上維克多・雨果雕刻了幾行字，把她稱作「自由女神」。餐廳有一處能遠望到花園的陽光麗景；這一層樓還有會客廳、圖書室和一間吸菸室。

二樓有各式睡房和兩間舒適的客廳，分別以紅房間和藍房間而聞名。

---

[064] 南美的一種名貴樹木。

[065] 查理斯・雨果：維克多・雨果之子。

[066] 帶 V 字彎形的一種刀。

兩間客廳都有許多奇特的帷幔，有一些人對它們比較崇拜，更多的人談論的是它們的顏色。

三樓有「橡木陳列廳」：我們應該稱之為舞廳。五扇寬敞的窗子讓光線狂洩進來。這間屋子的中央是一個巨大的、有很多分枝的枝狀燭臺，之上是一座木雕，整個由維克多‧雨果親手雕刻而成。

「橡木陳列廳」是一個正規的博物館，收藏有各式珍品 —— 書、畫、雕刻、胸像、輕武器、樂器。一個長長的玻璃箱裡陳列著大量的世界名人們的手稿書信 —— 寫給遭流放的雨果。

房子的頂部，建在它平坦的屋頂上面的是歐特維爾屋最有趣的一套房間 —— 維克多‧雨果的書房兼工作室。它三面及房頂是玻璃的。地板，同樣的，是一塊龐大的海綠色玻璃板。帶有滑輪的窗簾可隨意隔斷光線。「再多些光明吧，再多些光明，」這位偉人一遍遍說道。他在陽光下自得而陶醉。

這裡的冬天除陽光之外沒有一絲的溫暖，他的眼睛被氈帽所遮住。他往往站在固定於牆上的一塊擱板那裡寫作。在這塊擱板上，他寫完了《海上勞工》、《笑面人》、《莎士比亞》的全部內容及《悲慘世界》的大部分。被編了號的手稿散落一地，也許在地板上待好幾天才會被收起。

當維克多‧雨果來到根西的時候，他來到了自由之地，而不是流徙地。他到歐特維爾屋時一貧如洗、身體屢弱。在這裡，他的青春之火再次點燃，他被王室抄沒的家產靠他手中的筆又賺回來了。雨果一家上午都是誠誠懇懇地工作。女兒作曲；兒子們則翻譯莎士比亞的作品，並充當父親忠實的助手；雨果夫人收集有關丈夫生平的筆錄，並愉快地照顧好家務。

每天下午的幾個小時都是用來嬉戲玩樂的；晚上則是神聖不可侵犯的

音樂、閱讀和談天的時間。

霍瑞斯‧格里利[067] 曾是巴黎的囚徒。在他的牢房裡，他寫道：「掌握此處鑰匙的聖彼得，仁慈地把整個世界關在屋外；感謝上帝，終於有這麼一次，我不受任何煩擾。」

熱愛真理的人們應該感謝流放，它為我們創造了一些內容最豐富、最成熟的文學作品。流放並不完全是流放。想像力是無法被禁錮的。在彎彎曲曲的大腦堡壘中，思想無拘無束地自由徜徉。

自由是一個相對的概念。維克多‧雨果在根西所享受到的自由，比任何當權君主了解的都要多一千倍。

站在這個讓這位「法蘭西紳士」度過了無數歡樂時光的隔板 —— 書臺前，我在「到訪簿」上簽下了我的名字。

我謝過了那位帶我參觀這地方的好心女士，她給我講了那麼多的軼聞趣事 —— 感謝之辭僅是我內心感激之情的微弱回音。

我走下樓梯 —— 走到那雄偉雕刻的大門外 —— 從那些差不多已被磨穿的臺階上走了下來。

待在一處峭壁上等待我的是小加夫羅契，他襤褸的衣衫在微風中飄動。他提議帶我去看吉利亞特[068] 坐過的大石椅，在那裡他被漲起的海潮捲走。還問我要不要買一頭小公牛？加夫羅契知道哪裡有又好又便宜的賣。加夫羅契可以既帶我去看石椅、又去看小牛，只收三便士。

我接受了他的提議，我們手牽手地走下了那條通向海邊的石街。

1894 年的 6 月 28 日，我在排著長長的隊的人群中間，緩緩經過巴黎

---

[067] 霍瑞斯‧格里利 (Horace Greeley, 1811 ~ 1872)：美國報刊編輯和政治家，創建並主編《紐約論壇報》。1872 年競選總統失敗。
[068] 吉利亞特：雨果作品《海上勞工》中的人物。

的先賢祠，參觀了卡諾總統[069]的遺體。

在他生前我見過他，同樣是那張充滿自豪與尊貴的臉龐——沉著、鎮定、平靜。這具了無生氣的身體穿著共和國公民的簡單黑裝；唯一表明他官職身分的，是遮蓋胸前傷口的一條紅絲帶，仇恨的利劍深深地刺穿了這個地方。

在如雷的歡呼聲中，在熱愛他的朋友和忠實的追隨者們的簇擁下，他被擊倒，離開人世到那未知世界去了。真是命好啊！在薄情的平民尋找新偶像之前死去；暫時逃脫了怨恨的毒手——留下一些糾纏的利己主義者、追隨的飢民、誹謗的狂熱分子；逃開了中傷之劍的追擊，只迎接了閃閃發光的鋼劍。與此同時，在光榮榜上，永遠地寫下了他的名字。

卡諾將軍，你真是「好運連三」！你已經在歷史的一頁中留下了你的名字，你的遺體在先賢祠的圓穹下長眠，被你同胞的淚水所沾溼。

聖熱納維耶芙（Sainte Geneviève），巴黎的保護聖徒，死於 512 年。她被葬於一個山頂，巴黎的最高點，在塞納河的左岸。墳墓的上面有一個小禮拜堂，多年以來都是信徒們的聖地。小禮拜堂及其附加物一直保留到 1750 年，那年有人設計了一個風格美麗、結構堅固、無與倫比的教堂。建築師的目的是建造最為持久耐用的建築物，但仍然沒有考慮獻祭方面的因素。

1764 年，路易十五（Louis XV）為這個教堂立下基石。1790 年，羅馬天主教徒以極為奢華的場面供奉了這座建築物。但是此時革命的精神在發揮作用，一年以後，一群暴徒洗劫了這座美麗的建築物，將它的座位燒毀，將祭壇毀壞，並將傢俱洗劫一空。

---

[069] 卡諾總統（Marie Carnot, 1837～1894）：法國政治家，曾任法蘭西第三共和國總統，被一個無政府主義者暗殺。

　　國民公會將這個建築物改為一個紀念性的神殿，在它的前面題寫這樣一些字：「獻給偉大的人們，祖國感謝你們」，他們將這個建築物命名為「先賢祠」。

　　1806 年，天主教徒在政府的影響很大，這個建築物重新被交還給他們。1830 年的革命之後，聖熱納維耶芙的教堂又被從牧師們的手中拿走。一直到 1851 年，國民議會的天主教徒又成功地把它獻給上帝。在此期間，許多法國的偉人被埋葬在此處。

　　第一個被埋葬在先賢祠的是米拉波（The Count of Mirabeau）[070]，然後是馬拉 [071]，他在洗澡時被夏洛特・科黛（Charlotte Corday）刺殺。教堂還給天主教徒的時候，兩個人的屍體都被國民公會下令移走。

　　在先賢祠，遊客現在可以看到伏爾泰和盧梭的精美墳墓。在昏暗的微光中可以讀到閃閃發光的碑銘，從盧梭的墳墓上可以看到一隻手，拿著一隻火炬伸向前方 —— 但是這兩個偉人的屍骨都不在這裡。

　　當身披教袍的牧師念著祈禱，巨大的風琴隆隆作響，懸吊的香爐冒著香味的時候，遊客絡繹不絕地來到，還把孩子帶過來，然後他們走到盧梭和伏爾泰並排同眠的拱門那裡停下來，說道：「就是這裡了。」這樣的話，異教徒偉人的遺骸好像與祭典大禮相衝突了。要有所改變。讓維克多・雨果講述這個故事吧：「1814 年 5 月的一個晚上，大約凌晨兩點，一輛馬車在火車站城門附近停了下來，停在一圈木柵欄圍著的空地處。這圈木柵欄圍著一塊寬闊的屬於巴黎城的空地。馬車是從先賢祠過來的，馬車夫被

---

[070]　米拉波：法國革命家。作為國民議會的代表，1789 年至 1791 年期間，他曾試圖建立君主立憲制。

[071]　尚－保羅・馬拉（Jean-Paul Marat, 1743 ～ 1793）：瑞士裔法國革命家，他創辦了《人民之友報》，該報支持法國革命。1792 年他被選為國民公會成員，但在第二年被一名吉倫特分子刺殺身亡。

命令挑最偏僻的街道走。從馬車上走下來三個男人，爬到空地處。兩個人一起抱著一個大袋子。其他人，其中一些人穿著教袍，在等著他們。他們繼續朝空地中間挖出來的一個洞走去。在洞的底端放了些生石灰。這些男人什麼話都沒說，他們沒有帶燈籠。蒼白的黎明發出可怖的亮光；袋子打開了。裡面全是屍骨。這是尚・雅克和伏爾泰的屍骨，是從先賢祠取出來的。

「口袋被帶到離洞很近的地方，屍骨發出咯咯的聲音滾入黑洞。兩個頭骨相互碰撞；創作《哲學辭典》的腦袋與創作《社會契約論》的腦袋毫無疑問地交換了火花，但這些站在附近的人不可能看到。此後，在袋子被搖晃，伏爾泰和盧梭被倒進黑洞之後，一位掘墓人抓住一把鏟子，把土鏟進洞穴，把墳墓填平。其他人用腳踩著地面，使這塊地方看起來不像剛被動過的樣子。其中一個助手不嫌麻煩地拿了袋子 —— 就像劊子手拿走被他絞死的犯人的衣服一樣 —— 他們離開了空地，鑽進馬車，沒說一句話。然後，在太陽出來之前，這些人匆匆忙忙地離開了。」

寫下這些傳神文字的作家的遺骸，現在就在伏爾泰和盧梭的空墓旁長眠。一步之遙是尼古拉・卡諾[072]的墳墓。

遊客被引到先賢祠的地穴時，首先會被帶到維克多・雨果的墳墓那裡。每邊的石棺都被法國的紅白藍三色旗和美國的星條旗所遮蓋。頭部沒有被遮蓋，我們看到了無數的鮮花與花圈。我們的思緒回到了 1885 年，那時，巴黎首席公民的遺體莊嚴地躺在先賢祠，五千人走過他的棺材，默默無語或眼含淚水地向他致敬。

先賢祠現在被用於紀念法國的偉人們，他們的生命使這個世界更加豐

---

[072] 尼古拉・卡諾（Nicolas Carnot, 1796～1832）：法國物理學家、青年工程師、熱力學的創始人之一，是第一個把熱和動力連繫起來的人。

富多彩。在這個美麗神殿的入口處寫著這些詞：「自由、平等、博愛」。在它的珍稀的馬賽克地板上，只有朝聖者和彬彬有禮、友善的守衛及此地的老兵們的腳步聲在迴響。色彩在牆上的美麗畫像中參加歡宴，大理石在壁龕裡、基座裡述說這些偉人的豐功偉績，他們在變得更加美好的生活中永生。

先賢祠的歷史是爭鬥的歷史。到 1870 年的時候，公社還把它變成了一個據點，每邊的街道都被要求貢獻出鋪路石作路障。不過維克多‧雨果的遺骸長眠在此處似乎非常適宜，他可以留在他所熱愛、所熟知的場景中，他曾在這裡奮鬥、工作，最終功成名就；他在這裡被流放，又勝利地榮歸故里，最終獲得了被壓制已久的、全面的認可。

他當然不能被埋葬在長滿苔蘚的安靜墓地；也不能長眠在教堂，牧師會在固定時間裡喃喃念著毫無意義的經文；也不能躺在山邊 —— 因為孤獨會使他暴跳如雷 —— 他應該投入到大海的懷抱。在風暴中，在凶猛的冰雹中，在半夜裡，船帆放了下來，強勁的引擎也已熄火。沒有安魂曲，只有夜風的嗚咽和吹過屍衣的微風的嘆息，還有浪濤拍打巨大黑船的呻吟。木板已經被放到了海上，屍體被共和國紅白藍三色旗包裹：大海，這位世界萬物之母，他曾熱愛和謳歌過的，她將用雙臂擁抱他疲憊的肉身，在這裡，他將得到安息。

若非此地，則非先賢祠莫屬。

第九章　威廉‧華茲華斯

威廉‧華茲華斯（William Wordsworth, 1770～1850），英國浪漫主義詩人、湖畔派詩人，與雪萊、拜倫齊名，代表作有與柯勒律治（Samuel Coleridge）合著的《抒情歌謠集》、長詩《序曲》等。華茲華斯詩才最旺盛的時期是 1797 至 1807 年的十年，其後佳作不多，到 1843 年被授予「桂冠詩人」時已經沒有什麼作品了。然而縱觀他的一生，其詩歌成就是突出的，不愧為繼莎士比亞、彌爾頓之後的一代大家。

　　即便宇宙自身，也不過為一貝殼，供信仰之耳傾聽；有時，我毫不懷疑，它悄悄向你透露，無形之物的可信消息；潮起又潮落，力量經久不息；還有駐守在內心的、歷經無數洶湧澎湃後的安寂。此地，你佇立；愛慕而敬仰，但你未知，你的敬畏超出你的思想本意；你的虔誠高於你的所想所思。

—— 華茲華斯

　　曾有人告訴我們，天堂並非是一個地方，而是頭腦的一種狀態，很可能他是對的。

　　可是，如果天堂是一個地方，它肯定不會不像格拉斯米爾 [073] 那樣。多麼秀麗的風光 —— 清澈的湖水穿越鬱鬱蔥蔥的森林 —— 多麼安寧、幽靜和安詳！

　　大片的碧綠小山仰頭望著藍天，舊石牆和灌木樹籬全被蔓延的藤條和盛開的鮮花所覆蓋。空中彌漫著鳥語花香，鮮花歡快地對著路人綻放花瓣。空中，潔白的雲朵懶懶地飄過一片蔚藍。涼爽的六月微風吹拂著臉頰；遠處的小山被羊群點綴，羊鈴發出輕柔的叮噹聲；甲殼蟲催眠般的哼唱聲構成了低音，而雲雀的歌聲是大自然演奏的悅耳的交響樂。這是我第一次看見格拉斯米爾時的情景。

　　熱愛地球上樸素的、樸實的、普通的和簡單的事物，歌唱它們；使熟悉的事物變得美麗，使平常的事物變得迷人；使每一片灌木叢都因神靈親臨而燃燒：這，就是詩人的辦公室。如果詩人住在格拉斯米爾附近，他的工作看來並不艱難。

---

[073]　英格蘭西北部湖泊地區的一個湖。「鴿舍」位於格拉斯米爾村前，從 1799 年到 1808 年，威廉‧華茲華斯在這裡居住。

從 1799 年到 1808 年，華茲華斯住在「鴿舍」。幸虧有一些好心人照顧，英國人及來自世界各地的詩歌愛好者現在可以安心訪問這個地方。一位好心的老婦人在照看這個村舍，只要付一點點錢，她就會帶你去看房子、花園、小小的果園及其他讓人感興趣的東西，一邊走一邊跟你說話：你會感到很高興，因為儘管她沒有受過教育，但她虔誠而真誠。她生於此地，只知道華茲華斯和他熱愛的人們和事物。難道這還不夠？

華茲華斯住在這裡的時候，還沒有出版過書，但他最好的作品是在這裡創作出來的。多蘿茜也在這裡 —— 美麗、充滿同情心的多蘿茜 —— 她是靈感、評論家和朋友。但誰給了多蘿茜靈感呢？也許柯勒律治給她的靈感最多，我們從多蘿茜的日記中可以看出他們的關係。在「鴿舍」有個小小的華茲華斯圖書館，我坐在「德・昆西[074]屋」的窗戶旁，讀了一小時書。

多蘿茜說：

「一直坐到四點鐘，讀親愛的柯勒律治的來信。」

「我們在花園散步，直到一點鐘月亮出來 —— 我們仨，哥哥、柯勒律治和我。」

「我大聲地讀史賓賽[075]的詩歌，之後，我們喝午夜茶。」

這個小小的帶臺階的花園位於石屋的後面。石屋的天花板低矮，靠窗的座位很寬敞，帶著小小的菱形窗格。她在花園裡痛苦地寫道：

「噢，真是遺憾！不過還是有所補償；每一幅情景都讓我想起柯勒律

---

[074] 托馬斯・德・昆西 (Thomas De Quincey, 1785 ～ 1859)：英國作家，因其自傳《一個英國吸食鴉片者的自白》而出名。

[075] 赫伯特・史賓賽 (Herbert Spencer, 1552 ～ 1599)：英國詩人，主要以其寓言性浪漫史詩《仙后》而聞名。

125

治，我最最親愛的夥伴；我們日日夜夜地漫步與交談，我們談到的、讀到的、充滿機智與詼諧、飽含酸甜苦辣各種滋味的事物。我感到憂傷，說不出話來，最後痛哭一場才讓自己心情緩和下來。」

唉，哥哥與妹妹之間的競爭是家常便飯，接著便是誤解；但經過幾百年之後，兄妹之愛反而更加鮮明，想到這一點我們就感到欣慰。難道還有別的女性像多蘿茜這樣被人如此真誠、如此美妙地讚揚？

> 我晚年受到的福恩，
>
> 童年起就陪在我身畔。
>
> 她授我以慧眼，給我以聰耳，
>
> 低微的憂慮與溫和的畏懼，
>
> 還有一顆心！甜蜜淚水的泉源，
>
> 摯愛、掛念與歡欣。
>
> 她的微笑人世罕見。
>
> 微笑它活力澎湃，
>
> 蔓延，沉浮，若隱若現；
>
> 來而復去，永不停歇，
>
> 它消失無蹤之際，
>
> 其實已深藏在，她的眼底。

—— 華茲華斯，《路易莎》

在大約十幾首詩裡，我們可以看到多蘿茜的身影。她是鋼板，他在上面擦亮智慧的火花。他寫的每一樣東西都會讀給她聽，然後她獨自一人朗讀，用她那女性的微妙的判斷標準，對詩句進行斟酌。「我心中的心，這樣寫可以吧？」當她說，「這樣寫可以」，不管別人有什麼意見都無關

緊要。

屋後漸高的山坡上是小花園。堅硬的岩石中劈開的是「多蘿茜之座」。我坐在此處，聆聽狄克遜夫人講述著詩人的奇聞軼事。她告訴我，柯勒律治和多蘿茜無數次地坐在這同一個座位上，一起看星星。

我喝著「井兒」裡的水，更確切地說是泉水；寫作〈序曲〉的手，把圍著它的石頭擺到了目前的位置。花園之上是果園，翠綠的朱頂雀仍在那裡盡情歡唱，因為鳥兒永遠不會變老。

燕子也依然在那裡盤旋；小屋的一個暖和的小壁櫥裡，你可以讀到初版的〈蝴蝶頌〉[076]；然後，你坐到果園裡，在白色鮮花的簇擁下，可以看到給詩人以靈感的蝴蝶。如果你的眼力不錯，還能在湖邊發現水仙花，並同時傾聽布穀鳥的叫聲[077]。

接著，你可以在果園看到「雛菊」[078]，而且，數量非常之多。如果你想要，狄克遜夫人會允許你挖一束雛菊帶回到美國去；如果你這樣做了，我希望你帶回的雛菊會像我的一樣旺盛，在你生活的藍天被陰雲籠罩時，希望華茲華斯的鮮花，如同華茲華斯的詩歌一樣，讓你的內心充滿喜悅。

騷塞[079]來過這裡，在這個小花園大聲念過〈沙拉伯〉。克拉克森[080]也來過這裡，他猶如女性般無憂無慮，多蘿茜這樣說過。查爾斯‧勞埃德[081]曾坐在這裡，與威廉‧卡爾瓦特[082]談天說地。喬治‧博蒙特（George

---

[076] 華茲華斯的名作之一。
[077] 〈水仙花〉和〈致布穀鳥〉都是華茲華斯的名作。
[078] 〈致雛菊〉是華茲華斯的名作之一。
[079] 羅伯特‧騷塞（Robert Southey）：英國作家，以其浪漫主義詩歌、評論和傳記作品著稱，華茲華斯與柯勒律治、騷塞同被稱為「湖畔派」詩人。
[080] 克拉克森（Thomas Clarkson）：廢除奴隸制度運動領導人托瑪斯‧克拉克森。
[081] 查理斯‧勞埃德（Charles Lloyd）：英國詩人。
[082] 威廉‧卡爾瓦特：華茲華斯的朋友。

Beaumont）爵士忘卻了自己的頭銜，常來敲打這扇奇妙的鉸鏈門。博蒙特也是一名畫家，但人們認為他最好的畫還比不上華茲華斯為其寫的幾行詩句。博蒙特不僅是一位法律意義上的紳士，更是位心靈深處的紳士，因為他是這樣一位朋友：友愛、溫和、大方。有這樣一位朋友，華茲華斯真的是很富有。但，也許我們的朋友只是我們自己的另一面，我們得到我們應該得到的東西。

我們不應該忘記大衛 [083] 和善的臉孔，他那優雅的嬉鬧一直使華茲華斯一家著迷。當時還沒有煤礦安全燈這個字眼，也許很少有人能預知這兩個人將給地球帶來親切與光明。

華特·司各特於 1805 年來到「鴿舍」。他沒帶他的頭銜來，因為它像韓弗理·大衛的頭銜一樣，被原封不動地丟在倫敦城。他們住在高處西南角的房子，睡在小小的分類架上。可以想像多蘿茜在清早把華特爵士的刮鬍水端給他；瑪麗夫人倒著茶，早餐的誘人香味散發出來，給英國的未來「桂冠詩人」奉上烤麵包和雞蛋：司各特先生吃完了視線之內的所有東西，在把杯子遞回來的同時，滔滔不絕地談著藝術和哲學。一貫節儉的女主人驚惶失措，她不習慣這樣的狂吃狂喝。當然，她並不知道，小說家和詩人結合在一起，飯量是單純的詩人的兩倍。

後來，司各特夫人把裙子捲起來，穿上一件多蘿茜的圍裙，幫忙洗碗。

然後柯勒律治過來了，他們一起爬山，爬到了「舵崖」的頂點。羞澀的德昆西讀過華茲華斯的一些詩，從詩的品味讀出寫詩的人有著高尚的靈魂。他來到格拉斯米爾拜訪詩人：他到過「鴿舍」兩次，但沒有勇氣，不

---

[083] 韓弗理·大衛：1778 ～ 1829，英國化學家，電化學的創始人，煤礦安全燈的發明者。

敢登門就離去。再後來，他回到這裡，發現住在這裡的詩人是和自己一樣的普通人。

那裡充滿了歡樂，良好的社交圈；書很少，但文化高雅；生活簡樸，思維高尚。

華茲華斯在萊德爾山住了三十三年，但他生命當中最甜美的花朵是在「鴿舍」綻放的。因為艱難、辛勞、掙扎、被人遺忘、貧窮、渴望與抱負融合在一起 —— 所有一切都發生於此。後來成功來到了，但這沒什麼價值；因為他所取得的成就比大眾認可的多得多。

華茲華斯搬走之後，德·昆西租了「鴿舍」並在這裡住了二十七年。他獲得了一個擁有五千多本書的圖書館，小小的房間四面都是書架，從地板一直堆到天花板。其中的一些書架還保留著。他在這裡把夜晚變成白天，做著「吸鴉片者」[084] 的夢。

所有這些，都是狄克遜夫人在那個明亮的夏日告訴我的。至於我是否已聽說過這些事都無關緊要。親愛的老人家，向您致敬，我享受了難得的寧靜的歡樂，我要把我的感激之情向您盡情傾訴。

再會，山地裡的小幽境，
再會，多岩的角落，
就在那間壯麗廟宇的最低一級臺階，
而廟宇把我們整個山谷的一邊，與世上罕有的花園相連，
還有那漂亮的花果園，人間絕有的美麗，
人類發現的最可愛的地方。
再會了！我們把你留下，上天將溫和地將你悉心照顧，

---

[084] 指其著作《一個英國吸食鴉片者的自白》。

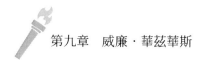
不僅僅你，還有你圍繞的小村舍。

—— 華茲華斯，〈再會〉

在美國「遠西區」[085] 的娛樂場所，經常會發現被稱為「驅逐擾事者保鏢」的一類人。這些保鏢的職責是，向那些討厭的來客發出暗示：他們的到場不受歡迎。由於許多人不挨一腳就不會接受暗示，挑選這些保鏢時要考慮他們是否適合此種場合 —— 從精神上，還有其他方面都得特別適宜。我們都有特別的才能，這些才能應該得到發揮，幫助我們的同胞們往前走。

我和「驅逐擾事者保鏢」僅是泛泛之交，沒有特別的交往。但我遠遠地崇拜他們，他們有時會以特別專業的方式展現自己的技能並且能成功，這往往激起我的崇拜。

在社會習俗方面，美國經常要向當年的宗主國借東西。但就像許多借貸關係一樣，這樣的借用只是單方面的，因為禮貌禮節方面，英國從我們這裡借得很少，非常非常之少。但也有一些例外。

有一條美麗的大路環繞著溫德米爾湖，接著穿過安布塞德。我們瞥見了哈里特‧馬蒂諾 [086] 的老家，還看見了「福克斯‧豪爾」、馬修‧阿諾德 [087] 的家。到萊德爾湖前，先到了萊德爾路，離開收費公路，直奔山坡。萊德爾山是左手邊往上的第三間房，我知道這裡，因為我已經讀到過多次了。我的手提包裡帶了一張取自舊的《弗蘭克‧萊斯利》畫報的照片，照片上就有這座房子。

---

[085]　美國的一個地區，起初包括密西西比河以西的所有地區。現在逐漸縮小到大平原以西的區域。

[086]　哈里特‧馬蒂諾（Harriet Martineau, 1802 ～ 1876）：英國女作家，她的著作《政治經濟的解說》闡述了馬爾薩斯（Thomas Malthus）、米爾和李嘉圖的經濟理論。

[087]　馬修‧阿諾德（Matthew Arnold, 1822 ～ 1888）：英國詩人和評論家。

我爬上山坡時心跳加速。拜訪英國「桂冠詩人」的故居，對於一名愛書者來說可不是件小事。我滿腦子想的都是詩，邊走邊低吟《漫遊》中的詩句。很快，古老而珍貴的萊德爾山，在鬱鬱蔥蔥的綠樹中映入眼簾。我駐足嘆息。是的，是的，華茲華斯在這裡生活了三十三年，在這裡去世；我現在站著的地方，曾經無數次地被他的腳步踏過。我緩緩而行，頭上沒戴帽子，走近大門。門上鎖了。我在門閂那裡摸索著；正好就要打開大門的時候，傳來一聲高亢、低沉、粗獷的聲音，就像一陣巨浪向我襲來：

　　「說你呢！喂，你想幹什麼？」

　　聲音的主人離我不到十英尺遠，但他緊靠牆壁站立著，因此我沒看到他。一開始我吃了一驚。那人一動不動。我邁步走到一邊，這樣可以更好地看清楚我的發問者，我發現他是一個個子高大、臉色紅潤、大約五十歲的男子。他粗大的脖子上圍著一塊手帕，手裡拿著一把沉重的鋤頭。他真的是一個「吃牛肉者」[088]，不過他牛肉吃得太多了，而且他喝的啤酒顯然是「超級便宜」的一類。

　　他不必要地板著一張嚴厲的面孔，舉止好鬥、敵視。我因深知自己此行並無不當而胸有成竹，禁不住露出微笑。我碰了碰帽子，說：「啊，對不起，福斯塔夫[089]先生，你是這裡的保鏢嗎？」

　　「不要管我是誰，先生，你是誰？」

　　「我是華茲華斯的超級崇拜者——」

　　「他們都是這樣開始的。難道你們不能在牆那邊崇拜他嗎？跟在這邊不是一樣？」

---

[088] 「吃牛肉者」最早用作輕蔑語，指吃得很好的僕人。後來被用來指營養充足、肌肉發達的英國皇家侍衛，亦指倫敦塔衛士。
[089] 福斯塔夫是莎士比亞戲劇中一個肥胖、機智、樂觀、愛吹牛的武士。

跟他這一類人浪費時間爭吵沒什麼用；此外，他的問題也切中了要害。但征服你的對手有多種方式：我開始在口袋裡找便士。我的對手不再瞪著我看了，向鎖著的大門邁步過來，似乎想表現得友好些，從他的聲音裡可以聽出悲傷：「不要誘惑我，先生；不要這樣！夫人現在正從百葉窗那裡偷看我們呢。」

「那你們從來就不接待遊客，甚至不讓他們落腳？」

「不接待，先生，從來就不接待的，願上帝幫助我！有許多哥兒們到這裡來，我就這樣把他們打發走了，沒人受傷。但我還是有兩次因為這丟掉了工作。不過他們又讓我回來了。地方長官再也不會原諒我了。『三次出錯就滾蛋，霍普金斯先生。』他們這樣說，就在上個聖神降臨週 [090]。」

「但還是有遊客過來？」

「是的，先生；但他們從來就進不來。大部分是美國人，他們好不到哪裡去，先生。他們把牆外面的常春藤樹葉全摘完了，你自己可以看看，在那棵樹上低一些的枝條上都沒有樹葉了。然後他們從那裡帶走了那麼多的鵝卵石，我只好每週裝一桶新的礫石過來，先生，你都不知道。」

他將他那粗短的、帶斑點的手，指向大門的門閂，表明他對我並無惡意，另外我猜測他也是為了平息我的失望。儘管我來看這位偉大詩人的時間太晚了，甚至未能看到他房子的裡面，但至少我在門口受到他的代理人的歡迎。我把手堅定地壓了下去，抓了一手的礫石作為紀念品，然後轉身繼續走我的路。

以上就是我拜訪萊德爾山，並會見「驅逐擾事者保鏢」的全過程。

華茲華斯活了八十歲。他的居住地，除了作短期逗留的地方，離他的

---

[090] 復活節後的第七週，尤指前三天。

出生地都不超過幾英里路。他沒有受過大量的教育，他的學問不是很深。他缺乏幽默與激情；他的人物中很少有個人的魅力，他的作品中很少有戲劇性的能量。

他或多或少地旅行過，對人性有所了解，但並不了解人。他在所謂務實的方面經驗很少，他的判斷並不準確。因此，他就這樣生活著 —— 平靜地、謙讓地、夢幻似的生活。

他的遺骸在鄉下的教堂長眠，一塊簡樸的石板標明是他的墳墓。一棵多瘤的老紫杉樹，在長滿青草的墳堆上佇立著守衛他。最近的鐵路離這裡十五英里。

作為一名詩人，華茲華斯的位置位於第二流詩人的前列。雪萊、白朗寧、白朗寧夫人、丁尼生都遠遠超過他；而「密西根的甜美歌手」[091] 即使在沒有靈感襲來的時候，也不會「丟出」比這更糟糕的詩句：

> 他身材瘦削，病魔纏身：
> 他的身子萎縮而傾斜，
> 腳踝腫脹而厚重；
> 他的大腿瘦弱而乾燥。
> 他有一個支撐，只有一個，
> 他的妻子，年老的婦人，
> 和他生活在瀑布邊，
> 就在村莊空地上。
>
> —— 華茲華斯，〈老獵人西蒙・李〉

朱比特也會有打瞌睡的時候，不過當他有所動作時，將意義非凡。

---

[091] 指朱麗亞・摩爾，以寫作拙劣詩歌而出名。

　　華茲華斯對於世界思想與情感的影響非常之大。他本人曾說過：「年輕人讀我的詩，能更好地找到真理。」他的許多詩句就像通幣一樣流行：「兒童是成人之父」，「光既不在陸地，也不在海上」，「不夠聰明也不夠善良，不能享受人性的日常食品」，「隱藏太深、淚水欲出的想法」，「傾向的巨流」，還有許多其他的詩句。「生活簡樸，思想高尚」通常被歸到愛默生頭上，但愛默生是從華茲華斯那裡發現的，認可為自己的想法，就把它拿走了。在一本《名人名言集》中，「沉靜的人間悲曲」被歸到莎士比亞頭上；但為了平衡事態，我們有時也把華茲華斯當做是〈舊橡樹桶〉[092]的作者。

　　真正的贏家是那些能扭轉陋習的人。華茲華斯的作品，是對於十八世紀夸夸其談、矯揉造作的流派的抗議——溫和而堅定。在他之前，詩人使用的「材料」由天使、魔鬼、幽靈、天神組成；猛攻、比武、格鬥、仇恨的暴風雨和憤怒的急流，當然，總是會有一個非常美麗、非常容易受感染的年輕女士站在拐角處。那時的女士們總是年輕，永遠美麗，但不夠明智，並不經常好心。男士們要不是聖徒，要不就是很「壞」，通常很壞。

　　他們就像基爾肯尼郡的貓[093]，為了一點小事就死拼。

　　我們這位霍克斯海德學校[094]的年輕人看到了這些，他對此感到不滿，就列了一份目錄，上面寫著他想用詩歌抒寫的事物。目錄上包括：日落、月出時分、星光、薄霧、小溪、貝殼、石頭、蝴蝶、飛蛾、燕子、紅雀、畫眉、車夫、嬰兒、樹皮、樹葉、鳥巢、魚兒、急流、水蛭、蛛網、雲朵、鹿兒、音樂、陰影、天鵝、峭壁和雪花。他牢記自己的誓言，並且「有過之而無不及」，因為在他的詩歌裡，我找到了這樣的標題：「紫杉

---

[092]　該詩作者是美國詩人撒母耳・伍德沃思。
[093]　愛爾蘭基爾肯尼郡的貓以搏鬥出名，「基爾肯尼郡的貓」經常指打起架來不顧死活的人。
[094]　華茲華斯曾在此學校讀書。

樹下座位之詠」、「丁登寺旁幾英里雜詠」、「致受傷的蝴蝶」、「致朵拉的畫像」、「致布穀鳥」、「見豎琴狀插針墊感言」，等等。

華茲華斯對人類作出的貢獻在於，他用新的見解向我們展現了古老的真理，使我們明白了大自然與人的靈魂存在密切的關係。這樣的貢獻是大還是小？我認為貢獻很大。當我們認識到我們屬於自己所見、所聞、所感的一切的一部分，就不會感到孤獨。但如覺得有分離感，就會感到死亡的寒意。

華茲華斯教導我們，地球是全球人的母親，花兒的生命在宇宙生命中有著自己的根源，就像我們的生命有著根源一樣。了解這一真理，就會對這個宇宙生命中的每一種表現形式都感到一種溫馨、一種友善、一種兄弟般的友愛之情。不打算說什麼定論性的話，只是想說明這個真理：上帝之靈，展現在每一隻手上。

現在這是一個非常簡單的哲理。不需要意義深遠的演繹邏輯來證明它；不需要奇蹟或者特別的天意；你只要感覺它是這樣，只需要這些，它就給你以安寧。孩子們、蠢人們、風燭殘年的老人們，都能明白它的道理。但是，願上帝保佑！你不能證明這樣的愚蠢。傑佛瑞 [095] 看出了這些假設的荒謬，因此他宣布說：「這樣做永遠不對。」《愛丁堡評論》整整二十年未停止冷嘲熱諷 —— 批評又嘲笑。這樣一個著名的刊物，富有而且有影響力，處在作為學術中心的城市裡，竟然竭盡全力去攻擊一位遠離塵囂、靜隱在遠離坎伯蘭郡的一間四房村舍的鄉下人，真是咄咄怪事。

那麼，這位鄉下人並不尋求去建立一個王國，也不想帶來社會革命，他也不想把他那有關紅雀、雲雀和水仙花的、家常便飯式的詩句強加於這

---

[095] 法蘭西斯・傑佛瑞：1773 ～ 1850，蘇格蘭文學評論家和法官，《愛丁堡評論》的編輯和創辦者之一，以其對浪漫派嚴厲的抨擊而聞名。

個世界。遠非如此，他非常之謙遜 —— 事實上還是不自信的 —— 他的詩歌完全是平靜溫和的。然而，文學戰爭的鏈鎖彈和炸彈還是呼嘯著朝他發過來。

有一個小故事，是關於某位將軍的。他在南北戰爭時擔任師長，有一段時間，這位軍人把總部設在田納西山脈的一個典型的南方房屋裡。房子有一個很大的壁爐和煙囪；燕子在煙囪裡做了窩。有一天，這位大人物忙著看地圖，正準備一個襲擊敵人的作戰計畫，燕子突然嘰嘰喳喳叫個不停，也許有一些蛋要孵。不管怎樣，這些鳥兒在處理家務事的時候，毫無必要地吵個不休。吵鬧打擾了這位大人物 —— 他變得煩躁不安。他把副官叫過來。「先生，」這位大權在握的軍官說，「趕快把煙囪裡這些該死的討厭東西趕走。」

兩位士兵受命爬上屋頂驅逐「敵人」。但燕子並沒有被趕走，因為士兵們搆不著牠們。

傑佛瑞的長篇大論也同樣無效，華茲華斯並沒有被趕走。

「他最好試試把斯基多峰壓下去。」騷塞說道。

第十章　威廉‧薩克萊

威廉‧薩克萊（William Thackeray, 1811～1863）。英國小說家。早期作品中有《巴厘林登的命運》。1847年，《勢利眼集》、《浮華世界》先後在《笨拙》雜誌上連載，後者奠定了薩克萊諷刺作家的地位。此後。《彭登尼斯》、《亨利埃斯蒙德》、《紐克姆一家》相繼問世。薩克萊曾與友人一起參觀寫作過《浮華世界》的住所，他開玩笑說：「跪下，你這個無賴，這裡就是創作《浮華世界》的地方；我也和你一起跪下吧，因為對於這個小小的作品，我自己也評價甚高。」

致：布魯克·菲爾德先生

您讀過狄更斯的作品嗎？噢，太讓人著迷了！勇敢的狄更斯！《大衛·科波菲爾》有他的一些最妙不可言的看法，閱讀這本書讓另一位作者受益匪淺。

—— 威廉·薩克萊

在每一個社區你都能見到這樣一些好心的老太太，她們一年四季都穿著喪服，帶著黑邊手帕，參加每一個喪禮，總能恰如其分地輕聲哭泣。我下定決心追尋這些古味十足的老太太的足跡，於是走到她們的家中。茶杯交錯中，我發現她們無一例外都享受著甜美的安寧 —— 一種知足的快樂 —— 這是非常大的收穫。她們就像文明殘剩的遺物，繼承了愛爾蘭職業哭喪女和東方職業送葬隊的衣缽。

現在大家都比較喜歡與悲天憫人之輩一起感慨悲嘆。承受別人的悲痛並非難事，即使是遭遇不幸的人也總能找到一些緩和劑，使自己更易承受不幸的打擊。

伯克（Edmund Burke）[096] 在《論高尚》中指出，所有人對於他人的災難都會有些滿足感。法國人遇到送葬隊伍總會舉起帽子，感謝上帝，因為躺在靈車上的不是自己。我們在面對災難時也會感謝蒼天，因為災難沒有降臨在自己身上。

每當夜間走過墓地，我總會感覺到一種怪異的快感，也許原因就在於此。滿眼是白花花的墓碑，在鬼影般的星光下閃爍，夜風在爬滿青草的墓堆間輕聲嘆息 —— 聽不到其他聲音 —— 切都在靜默中。

這是死亡之城，成千上萬的人經過長途跋涉，歷經千辛萬苦走到了這

---

[096]　伯克：愛爾蘭出生的英國政治家和作家，以演講術出名。

裡。而我，只有我，有來去自由的能力。他們的耳朵已經停止傾聽，雙眼緊閉，雙手合攏 —— 而我依然生龍活虎。我到倫敦之後，首先參觀的地方包括了肯薩爾綠野公墓。我很快結識了首席掘墓人，一位絕無僅有的智者，頭髮已經灰白，他已度過了整整七十個快樂之夏。我送給他一本《屍衣》，這是美國殯儀協會的會刊，出版於紐約的錫拉庫扎。我訂閱《屍衣》，是因為它有一個充滿智慧和幽默的專欄，而且知道錫拉庫扎竟然還有一些有價值的東西，心裡有說不出的滿足和快樂。

首席掘墓者很有禮貌地向我問好，我簡單地解釋了我對身後事的嗜好。然後我們越過一個敞開的墳墓（他剛剛挖好的）握了握手，很快就成了好哥兒們。

「你信奉火葬嗎，先生？」他問道。

「不，絕不；火葬是異端。」

「同意。你真是個紳士 —— 那麼埋在教堂裡呢？」

「絕對不行！墳墓應該建在廣闊的天空下面，在白天可以被太陽照耀到，星星和月亮 ——」

「你說得很對。莎士比亞怎麼能容忍男孩合唱團從他的墓地走過？我真是無法理解。如果他在我這裡，我就可以好好照顧他了。走吧，我帶你去看看，我都和誰做伴！」

離我們站的地方不到二十英尺處，豎著一塊精美而簡潔的花崗岩石塊，紀念詹姆斯・洛厄爾（James Lowell）[097] 的第二任妻子。

「我們落下棺材時，只有洛厄爾和一個朋友站在墓邊 —— 除了駐守此

---

[097]　詹姆斯・洛厄爾：美國詩人、評論家、散文家、編輯、外交官，曾任美國駐西班牙大使和駐英國大使。

地的一名年輕牧師之外，只有他們兩個人。洛厄爾先生走的時候和我握了握手。他給了我一幾尼[098]，後來他從美國寫了兩封信給我；最後一封信是在他去世前一週發出的。我們回辦公室時再給你看看這些信。我說，你認不認識他呢？」

他指著一塊石碑，從上面我找到了悉尼‧史密斯的名字。然後我們走到了畫家麥爾雷迪、演員茨布林、藝術家查爾斯‧依斯特萊克爵士的墓地。又來到巴克爾的永眠地 —— 他寫的序言流芳百世 —— 去世時年僅三十七歲，留下一段歷史未寫完；旁邊長眠的是利‧亨特（Leigh Hunt），在他的墳土上豎著一根柱子，上面說明朋友們是如何豎起這根柱子的。他生前為衣食而奔波，死後他們卻給了他一堆昂貴的石頭。

這裡還有提簡斯夫人[099]的墳墓，還有演員查爾斯‧馬休斯和北極探險家、海軍上將約翰‧羅斯的墳墓。

「下了山坡，還有一個大人物葬在那裡。我和他很熟；他經常過來看我們。我最後一次見到他，他離開的時候，我說：『下次再來啊，先生；我們隨時歡迎您！』」

「『謝謝你，首席掘墓者先生，』他說，『我不久就會再來的，到時我做長時間的拜訪。』不到一年，靈車把他帶過來了。這就是他的墓地 —— 把常春藤撥開，你就可以看到碑銘。你聽說過他嗎？」

這是一塊普通的、笨重的石碑，水平地放著，常春藤軋過石碑，大理石上面的白字幾乎是模糊的了。但我認出了碑銘：

---

[098] 英國舊金幣，值一鎊一先令。
[099] 提簡斯夫人：著名歌劇演員。

威廉‧薩克萊生於 1811 年 6 月 18 日卒於 1863 年 12 月 24 日

安卡米‧斯密斯卒於 1864 年 12 月 18 日享年 72 歲

　　　　　　　　—— 他的母親第一次結婚時生下了他

　　這樣毫無詩意地、精確地對家譜進行描述，讓我身上起了些寒意。然而他們就長眠在這裡 —— 母親與兒子同在一個墳墓。她給了他人生的第一次擁抱，也給了他最後一次的擁抱；他被人發現死在床上時，生活在同一屋簷下的母親是第一個得到通知的。他是她少女時代的孩子 —— 生下他的時候她不到二十歲。生前，他們從未分離過，死後，他們也永不分離。這是他們倆共同的願望。

　　薩克萊出生於印度，六歲時父親去世，被帶回到英國。從加爾各答出發之後，輪船在聖赫勒拿島[100]著陸。一名僕人把小男孩帶到岸上，他們朝通往浪伍德岩石嶙峋的高地走去，這時，他們在一個花園中看到了一個又矮又壯的男人在踱來走去。

　　「看啊，小傢伙，快點看 —— 就是這個人！他每天吃三隻羊，而且抓到小孩就吃掉。」

　　「我和滑鐵盧戰爭就有這麼一點點關係。」薩克萊四十年後說道。但是當你讀到《浮華世界》中有關這場戰爭的妙語時，你根本無法相信。

　　薩克萊年輕的時候被送到卡爾特豪斯公立學校讀書，他被認為是一名相當笨的男孩。他個子高大，脾氣溫厚，在上算術課時看小說。在劍橋時，他一直逃脫不掉「出醜」的傾向 —— 在那裡沒有待到可以拿學位的時間。他離開學校開始到歐洲大陸遊歷，老師們也就鬆了一口氣。

---

[100] 安哥拉以西大西洋南部一個火山島，16 世紀中葉以來一直被英國占領。該島因破崙自 1815 年被放逐於此至死而著名。

遊歷作為一種教育方式是詭辯學者的非常誘人的理論。醫生治不好的病人，老師治不好的學生，都經常被建議「換換環境」。其中還是有一些道理的。

在英國的時候，薩克萊一心想專攻法律；到了巴黎之後他深深地愛上了藝術；但當他到了魏瑪，被引入文學殿堂之時，他進入了歌德生活的圈子，馬上感染上了文學熱，並制定了翻譯席勒作品的計畫。

此時席勒已經去世，在德國被認為比還活著的歌德更偉大，似乎活著是一種過錯，死去是一種美德。年輕的威德‧梅克皮斯寫信給還在家鄉的母親，稱席勒是有史以來最偉大的人物，他打算翻譯席勒的書，並將這些書獻給英國。

毫無疑問，有一些人天生就容易感染某些疾病，也有一些人稍稍接觸文學就容易感染上文學熱。

「我感染上了。」薩克萊說，他的確感染上了。

回到英國之後，他在《黑石》、《名人文摘》、《名人綱要》等報刊中左衝右突，但他一直堅持寫寫畫畫。

這位年輕人從父親的遺產那裡可以獲得一筆相當可觀的財富 —— 每年他可以得到兩千多英鎊的收入。但他投資失敗，加上給朋友作擔保把這些錢都花光了。錢財如果不是自己辛辛苦苦賺的，通常就會這樣把它花光。

「大家都說錢財是帶翅膀的。」薩克萊說，「我的錢財長著禿鷹般的翅膀，像信鴿一樣飛得無影無蹤。」

薩克萊三十歲的時候靠寫詩、評論、批評文章和社論勉強維持生計。他的妻子整天病怏怏的，是精神黑暗的犧牲品，憂傷和焦慮充斥他的

生活。

　　大家都知道他是個有前途的作者，可倫敦滿地都是聰明的不成功者。薩克萊三十八歲的時候寫出了《浮華世界》，終於一舉成名。

　　在《和作家們在一起的日子》一書中，菲爾德斯先生說：「我曾和薩克萊一起到他創作不同作品的幾個房子去朝拜；我還記得，我們來到肯星頓的青年大街時，他假作莊重地說，『跪下，你這個無賴，這裡就是創作《浮華世界》的地方；我也和你一起跪下吧，因為對於這個小小的作品，我自己也評價甚高。』」

　　青年大街離肯星頓城市鐵路站只有一個街區的距離。它是一條從肯星頓路延伸出來的一條小街。在小街 16 號，我看見窗戶上有一張卡片，寫著「有房出租給單身男士」。

　　我按了按門鈴，女房東帶我去看了一個房間，如果我能提前付房租，每週只要十二先令；或者我可以和一位「非常用功的先生」合租樓上的一間房，只要八先令六便士。我提議上樓去看看那位「先生」。我們就到了樓上，我發現樓上的這位年輕人非常謙恭有禮。

　　他告訴我，他從未聽說薩克萊與這間房子有何關聯。女房東也抗議說：「我出租這個地方這麼久了，從來沒有哪個叫薩克萊到這租過房；至少，即使他來過這裡，也是叫別的什麼名字。這樣的事情多的是，現在這個世道，大家都不誠實 —— 沒有哪個體面的人因為這樣就可以責怪我！」我向她保證，絕對不會責怪她。

　　《浮華世界》的作者從青年大街的這間房子搬到昂斯婁廣場三十六號，在那裡他創作了《維吉尼亞人》。在廣場的南邊有一排三層的磚房。薩克萊在其中的一間房中生活了九年。這九年，榮譽和財富在他面前堆積

如山；他也落入俗套地、盡其所能地讓自己的欲望得到滿足。他和別人一樣都是凡夫俗子，生活標準取決於錢袋的鼓癟，而他總是覺得自己很窮。

從昂斯婁那間不錯的房子，他接著搬到了一個真正的王宮，他在肯星頓綠色王宮二號，根據自己的品味建造了自己的房子。但世間大廈在一瞬間傾覆——1863 年聖誕前夜，他在這裡離開了人世。查爾斯‧狄更斯、馬克‧萊門、米萊斯、特洛婁普、羅勃特‧白朗寧、克魯克沙克、湯姆‧泰勒、路易士‧布蘭克、查爾斯‧馬休斯和雪麗‧布魯克斯等朋友一起把他送到了安息地。

把自我看得太重是一個巨大的錯誤。自鳴得意是不可饒恕的罪孽，你說著「現在我對此確信無疑」的同時，你已經失去了把握。

生活在小地方的村民容易自視過高，他們因為缺少與他人比較而不知天高地厚，他們常常「死纏蠻打」。

可以肯定，他們經常從智力上講是「死」的，當然我也不能否認他們「纏」、「打」的熱誠。過去有一些出色的紳士，他們在期盼上天的恩賜的同時，總不會忘記對持不同看法者進行詛咒，這些人亦屬於「死纏蠻打」的一類。

科頓‧馬瑟[101]曾看到一隻黑貓棲息於一個毫無察曉、喋喋不休的老奶奶的肩膀上。第二天，一位鄰居突然驚厥，科頓‧馬瑟趕過去，帶著一本讚美詩集驅趕斑貓怪，然後用繩子掛著老奶奶的脖子，高高地吊在絞刑山上，直到她被吊死。

馬瑟牧師先生只要有那麼一丁點兒幽默，他就會去驅趕貓怪，但我深信他絕不會與老奶奶過不去。可是，唉，科頓‧馬瑟的對話只局限於

---

[101]　科頓‧馬瑟（Cotton Mather）：美國著名清教徒牧師。

「對，對」和「不，不」，通常是「不，不」。他就屬於「死纏蠻打」的一類。

波士頓公共圖書館有一本科頓‧馬瑟寫於 1685 年的書，書名為《隱形世界的奇蹟》。州長和哈佛大學的校長為此書題詞。作者引用了許多中了魔法的人的例子，而且提出一個有趣的說法：魔鬼通曉希臘語、拉丁語和希伯來語，不過說英語時帶口音。在哈佛，這些事情很長時間內都被用作支援古典語言的一個論據。據說，當希臘語最後被列為選修課，魔鬼還向教務長提出了抗議。

法蘭西斯‧加斯特累爾 [102] 曾將莎士比亞的「新宮」夷為平地，並且為了不讓遊客糾纏，將詩人的桑樹也砍倒，他也屬於「死纏蠻打」的一類。阿提拉 [103]、希律王 [104] 和約翰‧喀爾文 [105] 都屬於「死纏蠻打」的一類。路德 [106] 東奔西走、到處遊說之時，如果不能時時保持頭腦清醒，他也肯定會犯下嚴重的過錯。

埃及最近的考古學家發現，摩西在他的有生之年受人尊敬，更多的是作為智者，而不是立法者。他的笑話公布在牆上，並解釋給老百姓聽，看來老百姓對他的笑話領會有一點慢。

約伯 [107] 是一個高層次的幽默家，他對明智之士說：「無疑你們就是這些人，智慧會隨你們而消亡。」然後他敲了十二下。當雅各 [108] 的兒子們來到埃及時，約瑟 [109] 標出玉米的價格，把他們的錢拿走，然後偷偷地更換

---

[102]　法蘭西斯‧加斯特累爾：英國紫郡教區牧師。

[103]　阿提拉：侵入羅馬帝國的匈奴王，被稱為「上帝之鞭」，意為「天罰」。

[104]　大希律王（Herod）：以殘暴著稱的猶太國王。

[105]　約翰‧喀爾文（Jean Calvin）：法國基督教新教喀爾文宗的創始人。

[106]　馬丁‧路德（Martin Luther, 1483 ～ 1546）：德國宗教改革家。

[107]　約伯：《舊約》中一個誠實正直的人物，歷經危難，仍堅信上帝。

[108]　雅各：在《聖經‧舊約》中是以撒之子，亞伯拉罕之孫。他的 12 個兒子後來成為以色列 12 個部落的祖先。

[109]　約瑟：希伯來祖先之一，雅各最寵愛的兒子，因受其弟兄嫉妒，被賣給埃及人為奴隸，後為埃

麻袋裡的錢幣，這表明他天生愛好悄悄地開個玩笑。

莎士比亞的小丑們是王宮中最有智慧、最友善的人。當主人給他們戴上繫鈴帽，讓他們成為丑角之時，就似乎對他們的仁愛之心作了擔保。試金石跟隨主人背井離鄉；似乎所有人都拋棄了李爾王，而他的小丑頂著風暴跟隨他，並用自己的斗篷遮蓋著全身發抖的老人。如果考斯塔德、特林鵃羅、試金石、傑奎斯和茂丘西奧[110]生活在 1692 年的賽勒姆[111]，到處都會洋溢著歡樂的俏皮話，到處都會飛舞著輕劍，而且每個老奶奶頭上的每一根白髮都會平安無事，只要穿著斑紋褲子的腿還在站著。

解放者林肯很喜歡小丑。事實上，不能以詼諧的態度來看待世界的人是危險的，除非對手強大得可以透過玩笑把他拉到同一條戰線上，不然無法讓人信任。

在英語文學的王國中，薩克萊是幽默家中的王子。他的目光可以看穿一堵磚牆，永遠也不會把鷹當成是鷺。他有一套公正的價值評估標準，天性喜歡嘲笑每一個不適應環境的小人物。而他也具備所有真正幽默家所具備的承受痛苦的可怕的能力，因為幽默的真正本質是敏感性。

在所有尚有生命力的文學中，都混合著作者個性當中一種無法言喻的成分，像花粉一樣灑在其中。在薩克萊的《關於英國幽默家的演講》中，這種微妙的情況特別明顯。難以捉摸、微妙迷人 —— 它是透射活力的光芒。

及的長官。

[110]　以上幾位均為莎士比亞劇作中的人物：考斯塔德是《愛的徒勞》中的人物，特林鵃羅是《暴風雨》中的小丑，試金石、傑奎斯是《皆大歡喜》中的人物，茂丘西奧是《羅密歐與茱麗葉》中的人物。

[111]　美國麻塞諸塞州東北部城市，位於波士頓東北部。建立於 1626 年，因 1692 年此地的巫師審判和納森尼爾霍桑的《七牆之房》而知名。

當智者與蠢材玩起遊戲，蠢材抓住智者的話不放並進行報復。許多人抓住薩克萊的話不放，把他當成一個滿懷怨恨的悲觀主義者。

他甚至讓聰明的小夏綠特‧勃朗特（Charlotte Brontë）感到不安。她來到倫敦拜訪他，然後寫信回霍沃斯[112]說：「這個偉大的人不斷地說著話，臉上不帶一絲微笑。我不知道什麼時候該笑，什麼時候該哭，因為我不知道他什麼時候在開玩笑，什麼時候是認真的。」

但是最後，《簡愛》的作者明白了他的剛柔結合。他個子高大，外表粗魯，但她看到，他的內心深處隱藏著女性般的溫柔與同情。

薩克萊曾告訴我們他對於《簡愛》的作者的看法，而《簡愛》的作者也告訴了我們她對於《浮華世界》的作者的看法。他們倆一個身材高大，滿腦奇思異想；另一個卻小巧玲瓏，充滿真誠。但他們倆有一點完全相似：看到人間悲苦，他們的心一起絞痛；看到步入歧途的、摸索前行的和受到壓迫的現象，他們一起流下眼淚。

法國人非要擠眉弄眼、手舞足蹈才能明白笑話的含義，因此泰納[113]先生用了滿滿六十頁紙的篇幅抨擊薩克萊，指責薩克萊充滿了「壓抑的仇恨」[114]。

泰納自己是個憤世嫉俗者，卻指責薩克萊憤世嫉俗，用精挑細揀的、尖銳的詞語對他進行攻擊。這是罪人要求好人懺悔的一個完美的例子 —— 這樣的事情經常發生，但帶藝術色彩的並不多。

這個玩笑對於法國先生來說太深了，或者說，這種牌子的幽默不是他們的味覺已經習慣的黃色標籤，因此他們都吐了出來。不過泰納的批評讀

---

[112] 勃朗特一家居住的地方。
[113] 泰納：1828 ～ 1893，法國文藝批評家、歷史學家、哲學家。
[114] 泰納自己很高興用這個詞。

起來還是蠻有趣的，儘管他只是朝著自己留下的茴香味道猛烈攻擊。但是，只要有真正的活物作為目標，抨擊還是比大部分人進行的狩獵更讓人興奮。

如果非逼我說點什麼，我可能會說出這個人身上存在的一些缺點，上帝在造這個人的時候可以造得更完美一些。但如果我們能接受薩克萊，不管他是什麼樣的，我們就可以看到一個歌手，命運用黑暗將他所在的籠子倒懸，直到他找到歌唱的曲調。《魚湯歌謠》展現了他溫柔的一面，他經常設法將這一面隱藏起來。他的心隨著慈愛的美好震顫而顫動；他對萬事萬物的愛極度敏感、無比強烈。出於孩子氣的羞赧，有時他不得不發出一聲咆哮，試圖淹沒他洶湧澎湃、淚水滿盈的音調。

在蓓基[115]這一角色當中，他融入了自己的一些缺點，並且用嘲諷鞭擊它們。他往鏡子裡面望去，看到了一位潛在的勢利眼，他立即開始痛罵勢利。這種懲罰並不一定與罪行相當 —— 經常是懲罰過於嚴厲。但我仍堅持認為，在薩克萊嘲諷最厲害的地方，是他在鞭打自己裸露的後背。

治療藝術界無賴行為的首選藥方是，「認識自己」。如果作家刻畫一個壞蛋，刻畫得惟妙惟肖 —— 沒錯，他親自為擔任這個角色擺出各種姿態。溫文爾雅的拉爾夫‧愛默生曾說：「我自己有能力犯下所有的罪。」

富有想像力的人知道那些神祕的「可能性孢子」躲在哪個地方睡大覺，就像東方的魔術師知道如何在一個小時內長出芒果樹一樣，他可以隨心所欲地開發出「內在的潛能」。文學工匠只會走出去，找到一個壞蛋，描繪出壞蛋的樣子。而藝術家知道更好的方式：「我就是這個壞蛋。」

文學當中最可愛、最溫文爾雅的角色是紐卡姆上校[116]。薩克萊的繼

---

[115] 蓓基：《名利場》女主人公。
[116] 紐卡姆上校：薩克雷小說《紐卡姆一家》中的人物。

父，卡米卡爾‧史密斯少校，被認為代表了這位可愛的上校的形象；全能運動員霍普金森‧史密斯[117]給了我們另一位可愛的老上校的形象，而他對《紐卡姆一家》讚不絕口。

薩克萊是一位詩人，因此經常陷入懷疑的苦役之中 —— 這是追索精神的癥結。他追求更好的事物，但有時他的不完美突然冒了出來，以龐大的身軀呈現在他的面前，而他努力用噓聲把它們壓下去。

在藝術家和詩人的內心深處，有一個「內在自我」，坐在行動著、呼吸著的真人旁邊，對於他的每一個行為作出判斷。全世界的滿意微不足道；大眾滿意的也不值一提；名氣如蒸汽般煙消雲散；黃金不過是渣滓；每一份愛，如果沒有這個「內在自我」的批准，不過是毒蛇的刺。滿足內心之神的要求，這就是詩人的禱告。

所有被懷疑困擾的、被嘲弄的恐懼包圍的、被蹲伏的悲傷等待著的、被消逝的希翼所拖曳的、被熱烈的欲望所追蹤的、被友好的燈光召喚的 —— 啊！「我們音樂家什麼都知道」[118]。

薩克萊到美國去領一大筆錢，後來也以穩妥的方式拿到了這筆錢，這時他碰巧拿起一張報紙，上面說有一艘船當晚將駛往英國。思鄉之浪頓時席捲了這位大人物 —— 他再也無法忍受思鄉之苦。他急速地打點好行裝，沒和任何人告別，把所有的約會忘得一乾二淨。他匆匆忙忙趕到碼頭，給他最好的好朋友留下了這個留言：「再見，菲爾德斯；再見，菲爾德斯夫人 —— 上帝保佑大家，薩克萊留。」

---

[117] 霍普金森‧史密斯：美國作家。
[118] 英國詩人羅伯特‧白朗寧的詩句。

第十章　威廉‧薩克萊

第十一章　查爾斯‧狄更斯

查爾斯‧狄更斯 (Charles Dickens, 1812～1870)，英國小說家。他的作品至今依然盛行，並對英國文學發展產生重要影響。狄更斯早年家境小康，小時候曾經在一所私立學校接受過一段時間的教育，但是父母經常大宴賓客，在金錢上沒有節制，十二歲時，狄更斯的父親就因債務問題而入獄，一家人隨著父親遷至牢房居住，狄更斯也因此被送到倫敦一家鞋油廠當學徒，每天工作十個小時。或許是由於這段經歷。狄更斯備嘗艱辛、屈辱，看盡人情冷暖，使得他的作品更關注底層社會勞動人民的生活狀態。小說《大衛‧科波菲爾》中，就描寫了自己這一段遭遇。

我希望能拓展我的頭腦，增進我的理解力。如果我做的好事甚微，我希望我帶來的傷害更少，並希望我的歷險只給你們留下有趣而愉快的回憶。上帝保佑你們所有人！

—— 查爾斯‧狄更斯

在有些問題上，進展之路似乎被一把烈焰熊熊的利劍所阻擋。

西元前一千多年，一位阿拉伯酋長問道：「如果一個人死了，他還能再活嗎？」每一個曾經活過的人都問過這個同樣的問題，但對於這個問題，我們今天所知道的並不比約伯（譯者注：《聖經‧舊約》中一個誠實正直的人物，歷經危難，仍堅信上帝）多。

每降生一百個女嬰就會降生一百零五個男嬰。這個規律在每一塊土地上都適用，只要保留了有關生命的統計資料；塞瑞‧甘普（譯者注：狄更斯小說《馬丁‧朱述爾維特》裡一位愛撐布傘的護士）對其原因的了解和布朗‧塞卡爾（譯者注：法國著名醫生）、巴斯德（譯者注：Louis Pasteur，法國化學家、細菌學家）、阿格紐或者奧斯丁‧福臨特（譯者注：美國生理學家、醫學家）一樣多。

還有第三個問題，自亞當和夏娃以來，每一個為人父母者都在試圖解決這個問題：「我該怎樣教育我的孩子，讓他將來出人頭地？」即使你翻遍壓得書架呻吟不休的大部頭書籍，即使你問遍一百萬個說教者，回答還是：沒有人知道。

「無論我們怎樣辛苦謀劃，我們的結果卻早已有一種冥冥中的力量把它布置好了。」

摩西被丟到河上漂流，但潮水帶給他力量。約瑟的兄弟們「把他丟進洞裡」，但你不能以這種方式處理掉天才！

狄摩西尼（譯者注：Demosthenes, 西元前 384 ～ 322，古希臘政治家、雄辯家）每經歷一次挫折，便獲得更有利（或更幸運）的局面。莎士比亞和一位比他年長八歲的婦人惹上麻煩，偷過鹿，然後逃跑，然後成為英國排名第一的詩人；伊拉茲馬斯（譯者注：荷蘭文學者）是一個棄兒。

　　從前有一位婦人，名叫南茜·漢克斯，她胸脯瘦小，神色憔悴，面黃肌瘦，愁眉苦臉。最後生活在貧困中，因為疲勞過度，死神奪去了她的生命。她把兒子叫了過來 —— 他和她一樣樸實 —— 然後指著年輕人的妹妹說：「亞伯，要對她好一點。」然後就去世了 —— 去世時只希望她的兒子能在世間立足，能照顧好自己和妹妹，根本沒有抱其他的期望。這個男孩後來成為有史以來掌握最大權力的美國人（譯者注：指美國的第十六任總統林肯）。七名大學畢業的男人組成了他的內閣。普洛克特·諾特曾說過：「如果把一塊蹺蹺板放平，內閣成員放在一頭，總統放在另一頭，他可以帶著這七名才智之士飛入太空。」

　　另一方面，馬可·奧理略（譯者注：Marcus Aurelius，121 ～ 180，新斯多葛派哲學家，羅馬皇帝，161 ～ 180 年在位）給他兒子寫了《沉思錄》，而他兒子根本沒讀，並成了放蕩公子的象徵；查爾斯·金斯萊（譯者注：Charles Kingsley, 1819 ～ 1875，英國牧師、作家）創作了《希臘英雄錄》，但他的後代們根本沒有表現出他們父親的英雄氣概；查爾斯·狄更斯給他的孩子們寫了《兒童英國史》 —— 而他的孩子們沒有哪個能證明自己精通歷史。

　　查爾斯·狄更斯本人是在「挫折大學」接受的教育。他很小的時候就被扔到岩石當中，母狼給他哺乳。但他成為了有史以來世上最受歡迎的作家。到目前為止，沒有哪位著書者在讀者數量及經濟收入方面可以接近他。這些都是事實 —— 無可動搖的、真實的事實，是葛播梗（譯者注：狄

更斯小說《艱難時世》中的人物）樂於看到的事實。

十二歲時，查爾斯‧狄更斯還在給黑鞋油盒貼標籤，他的父親在坐牢；十六歲時，他把閒置時間都花在大英博物館閱覽室讀書；十九歲時，他成為議會記者；二十一歲時，他成為小品文作者；二十三歲時，他每週可賺到三十五英鎊的收入，次年收入翻倍；二十五歲時，他創作的一部劇作在特魯里街劇場（譯者注：特魯里街為倫敦西區街名，曾以劇場集中著稱）連續上演了七個晚上。同時，他用兩週時間創作的系列小品文賺到了七百英鎊。二十六歲時，出版商拜倒在他的腳下。

當狄更斯處於成功的巔峰的時候，比他大一歲的薩克萊帶著為《匹克威克外傳》配的插圖守在他的門階。

他持續不斷地工作著，每年賺八千至兩萬五千英鎊。他名聲大躁，他用兩週時間寫的一個故事，《紐約紀事報》付給他一萬英鎊稿酬。他的作品選集已經出滿了四十冊。此時每年賣出的狄更斯的書，比他有生以來的任何一年都多。前一年賣出的狄更斯的書又比更早的任何一年都多。

「我很高興大眾購買他的書，」麥克里迪（譯者注：1793～1873，英國演員，以扮演莎士比亞劇中角色和對現代舞臺藝術的貢獻而聞名）說，「因為如果他們不買的話，他會拿到舞臺上去，使我們都黯然失色。」

布林沃‧利頓創作的劇作《不像我們看起來那樣糟糕》在德文郡屋上演，女王到場觀看，狄更斯扮演主角。他在倫敦、利物浦和曼徹斯特，為了利‧亨特、謝里丹‧諾勒斯和其他一些貧困的作者和演員演出節目。他寫了十幾個劇本，還有另外兩倍多的劇作是根據他的小說故事情節而創作的。

他在英格蘭、蘇格蘭和愛爾蘭舉辦大眾讀書會，人們爭搶座位。這些

活動的平均收入是每晚八百英鎊。

1863 年，他到美國進行了六個月的旅行，舉辦了一系列的讀書會。入場費定了一個高得離譜的價格，但售票處總是被讀者團團圍住，直到售票人員把燈熄掉，並掛出標牌：「站票已全部售完。」這些讀書會的總收入是二十九萬九千美元，總支出為三萬九千美元，淨利潤為十九萬美元。

1870 年查爾斯・狄更斯死於腦疝，享年五十八歲。他的遺骸在西敏寺長眠。

「認識狄更斯的倫敦就是一種通才教育，」詹姆斯・菲爾得斯（譯者注：1817 ～ 1881，美國著名傳記家、編輯）曾說，他被查爾斯・狄更斯親切地稱為「麻塞諸塞的傑米」。而我意識到，要熟悉這個世界上最偉大的城市，最好的辦法就是跟上《大衛・科波菲爾》的作者蜿蜒前行的步伐。

他十歲時就開始了在倫敦的生活，不斷地從一個住處搬到另外一個住處。蜿蜒曲折，從一個地方擠到另外一個地方，但一直在改善，最後居住在連貴族也會感到羨慕的王宮。從卡姆登鎮的骯髒地漫步到西敏寺的詩人角，他花了四十八年的時間。

他剛開始住在貝漢敏街。「一個洗衣婦住在隔壁，一個波爾街警官住對面。」這是一個破舊的街區，狄更斯父親選在這裡是因為這裡房租比較低。考慮到他老是忘記付房租，真想不明白他為什麼不在皮卡迪利大街（譯者注：倫敦的繁華街道）安家。

我努力地尋找一塊寫著「洗暗色亞麻布」的招牌，但沒有找到，卻讓我找到了一名波爾街的警官，他告訴我，貝漢敏街很久以前就不存在了。

然而在倫敦巡遊總是有回報的，因為如果你找不到你要找的東西，就會遇到一些同樣有趣的事情。我的波爾街的朋友，原來如同定期出版的雜

誌一樣，滿是少見而有用的資訊 —— 歷史的、考古的和傳記的。

這個倫敦的員警總是把衣服剪裁得像一百年前的款式，他總是把手套拿在手裡 —— 從來不戴 —— 因為這是征服者威廉（譯者注：William the Conqueror, 1027～1087，英國國王和諾曼第公爵。其表兄愛德華答應讓他作英國國王後帶領諾曼第人入侵英格蘭，在黑斯遷斯戰役中擊敗哈樂德。他成為國王後，採用了封建主義體制）的習慣。

不過也不要緊，他聰明過人，彬彬有禮，又樂於助人。只要他樂意，哪怕他穿著芭蕾舞演員的裙子，帶著緊巴巴的頭盔，我都完全沒意見。

我的警官先生還認識一個年齡更大的警官，他和狄更斯先生很熟。狄更斯先生自己有一整套的警官服裝，是蘇格蘭場（譯者注：指倫敦員警廳）下令發給他的。他經常在夜間巡邏，手上帶著他那發亮的手套，頭上戴著他的帽子。這是我的新朋友告訴我的，他自願帶我去高爾街。

現在只有高爾街了，房子都重新編了號，因此四號只是一種猜測；但我的嚮導給我看了一扇門，門上有一塊完整銅牌的印記，而銅牌顯然早就不存在了。幾天之後我在齊普塞街的一家舊書店裡找到一塊完全相同的銅牌。銅牌上寫著：「狄更斯夫人之設施」。店主標榜自己是「書籍商」。他出價一磅十先令想把銅牌賣給我。但我沒有買，因為我知道有個地方可以買到銅綠比它深得多的配對 —— 全部只要六先令八便士。

狄更斯在記錄過去的事情時曾表示，他回憶不起任何到「狄更斯夫人之設施」就讀的學生。但他記得父親是什麼時候被帶到欠債人牢房去的，就像杜麗先生（譯者注：狄更斯小說《小杜麗》中的人物）一樣。他住在從上往下數的第二層，同樣在這間房間，他的兒子後來寫了杜麗一家的故事。寫書的人毫無根據就可以讓人坐牢，甚至把人弄死，還不受懲罰，知

道這樣的事讓人感覺怪怪的 —— 這個想法是那個充滿哲學頭腦的我的嚮導向我提出的。

查理斯每天從高爾街的這間房子走到馬夏爾西監獄（譯者注：倫敦薩斯瓦克關禁債務人的監獄，已於 1842 年廢除）去看望麥考伯（譯者注：《大衛‧科波菲爾》中的人物，這裡指狄更斯的父親約翰‧狄更斯），沒過幾年，他自豪地給兒子當上了文書。

我遇到警官之後的第二天上午，正好他不當班。我和他約好在「三個快樂的乞丐」（一個要命的酒館）相見。他穿著一身時髦的淺顏色衣服，大衣稍稍有點短，帶著一頂高高的絲帽。他那寬大的紅色圍巾 —— 襯著他那明亮、磚灰色的皮膚 —— 使得我剛開始錯以為他是我的一位開霍本巴士的朋友。

霍金斯先生（這就是他的名字）親切地向我問好，輕輕地拉了拉他脖子上的鬍鬚。因為他稱呼我為「閣下」，女招待員接待我們時動作敏捷，熱情周到。

我們首先去了聖喬治教堂，然後我們找到了天使苑，通向伯蒙德塞，還有馬夏爾廣場。這就是舊監獄的所在地，這裡擠滿了痛苦的鬼魂，他們還在這裡盤旋，但我們幾乎找不到監獄本身的痕跡，也沒有看到鬼魂。不過，我們在天使苑的一家酒館看到一個非常漂亮的女招待員。警官曾帶我去看一塊切肉刀的招牌，上面有個漂亮女郎，寫著「美味佳餚」，而這個女招待員更要漂亮。天使苑真的是名不虛傳。

斯特蘭德的老漢格福德樓梯有一個黑色鞋油倉庫，鮑勃‧法金（譯者注：和以下的波爾‧格林都是狄更斯的童年好友）在這裡教會了查爾斯‧狄更斯如何把鞋油膏的口打上結。這個倉庫已是斷壁殘垣，東西都被運走

了。河流上的煤船仍停在那裡，就像當年查爾斯、波爾·格林和鮑勃·法金吃晚餐時在它們身上玩耍一樣。我看到了鮑勃和其他幾個男孩，身上被鞋油被弄得髒兮兮的，在平底船之間你追我趕，但狄更斯不在那裡。

　　順流而下，遠處有間搖搖欲墜的舊倉庫，還有一個破爛不堪的碼頭，漲潮時鄰接著河水，退潮時鄰接的是爛泥巴——整個地方老鼠氾濫成災，在發霉的樓梯中混戰、尖叫著。我問警官，這裡會不會不是黑色鞋油廠；但他說，不，這裡一直都是鞋油廠。

　　狄更斯在蘭特街找到了住處，而他父親還在馬夏爾監獄等著發生新的事情。鮑勃·索耶（譯者注：狄更斯小說《匹克威克外傳》中的人物）後來也住在同樣的住處。索耶邀請匹克威克「及其他夥計」和他一起就餐時，他沒有說出他的房號，因此我們找不到他的房子。但我找到了那條街，並看到一個大的匹克威克木刻像，裝在輪子上面，站在一間煙草店前充當招牌。店主是一位老紳士，他每天晚上都會把招牌擺出來。他肯定地告訴我，鮑勃·索耶的房間在第二層的後面部分。我往裡瞧了瞧，但沒有看到我認識的人，我買了兩便士的雞尾酒，然後就離開了。

　　如果有人想讓自己遠離世界，使自己不受誘惑，讓自己不會有想往窗戶外看的欲望，他應該住在蘭特街，一位偉大的小說家如此說。大衛·科波菲爾住在這裡的時候，在紅獅酒館訂了一杯「真正美味的麥芽酒」，然後激發了房東的同情，並且從他妻子那裡贏得了一個慈母般的吻。

　　紅獅依然蹲伏（掛在另外一個名字下面）在西敏寺德比和議會街的角落。一天上午，我跑到那裡做了一個小時的白日夢，同時假裝讀一張報紙。不過，我不能推薦說他們的麥芽酒特別美味。

　　一本書可以有多個作者，一個作者同樣可以有多個讀者——比我們

知道的多得多。孩子們想聽小熊的故事，寧願聽了一遍又一遍，卻不願聽新的故事；「成年人」也寧願經常讀捲了角的書，也不願讀邊都未切的新書。

霍金斯先生就寧願讀捲了角的書。在員警所，他經常長時間地等著緊急的報警，翻閱著他的狄更斯作品消磨時間。他不認識別的作家，也不想認識。他的表皮已浸透了狄更斯的思想，加杜松子酒的苦味酒給了他靈感，他的每個毛孔都溢出新的資訊。對他而言，所有狄更斯頭腦裡的無形之物都是活蹦亂跳的生物。時代錯亂對霍金斯來說不成問題。查利・貝茨（譯者注：狄更斯小說《霧都孤兒》中的人物）仍然逍遙自在，奎爾普（譯者注：狄更斯小說《老古玩店》中的人物）就在拐角處，加弗爾・海克森（譯者注：狄更斯小說《我們共同的朋友》中的人物）的船就停泊在下面那條混濁的河上。

狄更斯經常光顧酒館。這些奇特的休憩地，吸引了各式各樣、境況不同的飢渴的哲人們在這裡相會，討論各種各樣的主題。我的嚮導帶我去了這位偉大的小說家經常光顧的幾家酒館，我們每喝一次酒就能發現一個新的傳說。我們拜訪了三到四家不同的酒館之後，霍金斯開始吐露一些鮮為人知的事實。

如今啊，並不是大家都知道，狄更斯所謂的故事完全是歷史事件的紀錄，就像你們叫的那個什麼人寫的劇本一樣！比如說，董貝父子（譯者注：狄更斯小說《董貝父子》中的人物）有一家有名的公司，幾年前剛剛轉為一家合資股份公司。該公司現在的名稱是董貝貿易公司，他們的住處依然是他們著名的前輩住過的地方。

我表示想去看看會計室，因為狄更斯對它描寫得非常細緻入微。霍金

斯同意在去塔維斯托克廣場的路上帶我去那裡。我們在第一個轉彎處盤旋著往下走，然後往上走了三個臺階，接著直接往前走到第一個右轉彎處。我們抄小路往左邊走，來到一個玩具狗那裡，那是一家手套販賣商的招牌。就在離這不遠處，我的嚮導拉了拉我的袖子；我們停下來，然後他默默地、莊重地指著街對面。絕對沒錯！就在那裡，庫房的前面是一大塊伸出來的髒窗戶，從窗戶那裡我們可以看到數十名職員正俯身處理帳戶，此時此景，似乎董貝先生時時刻刻都會出現。庫房門上面有一塊鍍金招牌。

　　警官解釋說，一切依舊。

　　我不太想進去，但在我的要求下霍金斯走了進去，要見小卡克爾先生（譯者注：狄更斯小說《董貝父子》中的人物），但沒有人認識他。

　　然後我們順便去了銀鯊，一家大約為大垃圾箱大小的小酒館，由兩個隔間和一個接待臺組成。我們在這裡休息了一會兒，因為我們已經走了很長的一段路。

　　接待我們的女招待紮著鬈髮紙，她的漂亮即使沒有超過天使苑酒館的女招待，至少也能與之平分秋色，這就可以說明很多問題。她大約和特利比或者埃倫‧特里（譯者注：1847～1928年，英國舞臺劇女演員）一樣高，我覺得這樣的高度非常不錯。

　　我們休息的時候，霍金斯先生告訴我和女招待，無賴萊德福德（譯者注：狄更斯小說《我們共同的朋友》中的人物）是怎樣穿過這個門口，來到這個小酒館的。那是在他的阿爾弗雷德‧大衛被「兩位長官」（譯者注：狄更斯小說《我們共同的朋友》中的人物）拿下之後。他就像一條懶散的狗，這個無賴。無論冬夏，他都帶著一頂破舊、浸透的皮帽，不成樣子，汙穢不堪；它看來就像隻溺死的貓。沒有伸手拿東西的時候，他的手總是

插在口袋裡，一直到手肘那裡。當他出去玩樂的時候，他的步伐總是一半拖著腳走，一半跑著走。

一天晚上，霍金斯看到他就這個樣子出發，就開始跟蹤他 —— 知道他馬上要出問題 —— 在霧中和雨中跟蹤了兩個小時。到了半夜，最後一聲鐘聲敲響，報時的鐘聲剛剛停止，鐘聲回音正慢慢消失，正在此時，突然 ——

不過這個故事太長了，就不在這裡講了。因為故事太長，霍金斯先生講完的時候，天黑之前趕到塔維斯托克廣場已經來不及了。霍金斯先生解釋說，只有太陽消失之後，蝙蝠、貓頭鷹和老鼠才會出來，還有其他一些最合適晚上看的東西。因為他在第二天一點才開始工作，他建議我們繼續到柴郡乾酪店去吃點東西，然後再出發。

因此我們攔了一輛巴士，然後爬到上面。

「她就像跟在大客輪後面的平底船一樣搖來晃去。」警官說，我們跟跟蹌蹌地坐到位子上。巴士售票員從小小的彎梯爬上來，拍得他的打票機叮噹響。霍金斯重重地眨了眨眼，付了我們的車票，售票員說了聲「多謝，先生」，然後接著往前走去。

我們在乾酪店下了車，然後在一個角落裡舒舒服服地坐了下來。同樣是這些座位，靠著牆邊，詹森博士（譯者注：Dr. Johnson，1709～1784，英國文學家，詞典編纂家）、「戈爾地」（譯者注：指英國作家戈德·史密斯）和博斯韋爾（譯者注：James Boswell, 1740～1795，英國傑出的傳記作家，著有《撒母耳·詹森傳》）經常坐在這裡，他們的笑聲在這裡迴響。我們吃著排骨和番茄汁，回憶著金格爾和特洛特（譯者注：狄更斯小說《匹克威克外傳》中的人物）。排骨非常美味，在英國以外吃不到這麼好的食物。

這一次由我提供傳說，因為我的同桌餐友從來沒有聽過博斯韋爾的名字。

霍金斯把我介紹給接待我們的「穿著白色圍裙的傢伙」，並解釋說，我就是那個寫《馬丁‧朱述爾維特》（譯者注：《馬丁‧朱述爾維特》是狄更斯的小說）的人。

他朝坐在鍍鎳板美國收銀機後面的老婦人吻了吻手。這個地方唯一不協調的東西就是收銀機，得意洋洋地豎在那裡，嶄新鋥亮。霍金斯堅持說它是一臺打字機，我們離開時他拿了一把火柴（以為那是牙籤）並要求收銀員在某樣東西上彈一曲，但她拒絕了。

我們朝倫敦橋走去，夜幕正在降臨。沒有星星出來，只見閃爍不定的、顫動的煤油燈光，圍繞在每個柱子旁邊是一大圈灰色、毛茸茸的霧環。就在橋的入口，我們看到被諾亞‧克萊波爾（譯者注：狄更斯小說《霧都孤兒》中的人物）跟蹤的南茜（譯者注：狄更斯小說《霧都孤兒》中的人物）。他們轉身朝倫敦魚市走去，當霧色淹沒了他們的身影，霍金斯用魚市商販使用的粗俗語言回答我的問題。

「這還不算很糟糕的，你知道；噢，我帶你去依斯靈頓的一個市場吧，那裡的人說起話來比這要粗俗一倍。」

他開始談論一些技術細節，但我請他不要再說了。

接著他斜靠在欄杆上，對著正從下面經過的一個划船吐了一口痰。當小船慢慢移動出來，走到閃爍的燈光下，我們認出里茲‧海克森（譯者注：狄更斯小說《我們共同的朋友》中的人物）正在划槳，而加法爾坐在船尾瞭望。

我們坐在那裡的時候，女侯爵（譯者注：狄更斯小說《馬丁‧朱述爾維特》中的人物）從身邊走過，一條破爛的圍巾圍在她邋邊的頭上，一個

長襪垂在她的鞋子上面。她手臂下夾著一個一便士的麵包，正在掰成一塊塊，邊走邊吃。

不久斯納格斯比（譯者注：狄更斯小說《荒涼山莊》中的人物）過來了，然後是文森特～克蘭梅爾斯先生（譯者注：狄更斯小說《尼古拉斯·尼克貝》中的人物）、騎手斯利里先生（譯者注：狄更斯小說《艱難時世》中的人物），後面還跟著矮子約伯斯和巨人皮克利森（譯者注：狄更斯小說《馬里歌德醫生》中的人物）。霍金斯說有兩個皮克利森，但我只看到了一個。下面就是石頭碼頭，甘普夫人（譯者注：狄更斯小說《馬丁·朱述爾維特》中的人物）就站在那裡，我聽到她在問：

「我想問一下，那些冒著煙的怪物當中哪個是恩克沃克船？我的天啊！」

「你想問哪條船？」露絲（譯者注：狄更斯小說《馬丁·朱述爾維特》中的人物）問道。

「裝恩克沃克包裹的 —— 我不會騙你的，親愛的，我幹麼要騙你呢？」

「噢，那就是安特衛普的包裹船，在中間。」露絲說。

「我真希望它是在約尼基的肚子裡，我真希望如此。」甘普夫人喊道。

我們從橋上走下來，朝魚市挪動身影，經過了海關，那裡有一些古怪的老船長在等著永遠都不會到來的輪船。我們經過的時候，卡特爾船長（譯者注：狄更斯小說《董貝父子》中的人物）舉起了他的鉤子，舉到他發亮的帽子的旁邊。我們回了禮，然後繼續向倫敦塔走去。

「這是一個爛地方，我們不要停下來，」霍金斯說。想到雷利（譯者注：英國詩人、軍人，被監禁在倫敦塔，1618 年被處死）、蘇格蘭的瑪麗

女王（譯者注：Mary, Queen of Scots，1587 年 2 月 8 日，蘇格蘭的瑪麗女王被伊莉莎白一世下令處死，瑪麗的罪名是「叛逆」），還有珍・葛雷夫人（譯者注：Jane Grey, 1553 年，無辜的十五歲少女珍・葛雷被野心勃勃的父母推上英國王位，史稱「九日女王」。九天後，她的政權被推翻，她被投入倫敦塔，次年被處死，年僅十六歲）等人的鬼魂，他似乎穩住了腳步，加快了步伐。

　　過了一會兒，我看見大衛・科波菲爾和皮戈提先生（譯者注：狄更斯小說《大衛・科波菲爾》中的人物）就在我們前面，跟著一名婦女，我們看到她就在一個街區前面，激動地走著。她是瑪莎（譯者注：狄更斯小說《大衛・科波菲爾》中的人物），一心想自殺。

　　「我們先趕到碼頭去，然後阻止她。」霍金斯說。我們沿著一條側面的街跑過去。但是一間小磚棚的明亮燈光吸引住我們 —— 男人畢竟不能手挽著手跑。我們忘了我們做善事的使命，目瞪口呆地站在那裡，透著窗戶看到小詹尼・任恩（譯者注：狄更斯小說《我們共同的朋友》中的人物）努力地給她的玩具娃娃穿衣服，不時停下來，用她的針對著空中刺來刺去。布萊德利・海德斯特恩和查利，還有里茲・海克森（譯者注：均為狄更斯小說《我們共同的朋友》中的人物）進來了，我們走了過去，不想引起他們的注意。

　　角落那裡有一棵被煙燻黑的老樹，我為它感到難過，我對每一棵城市裡的樹木都有這種感覺。較遠的地方有一個鐵匠鋪，後面有一個木材工廠，那裡有一個廢鐵商人經營的商店。在前面還有一個生鏽的鍋爐，還有一個巨大的調速輪，它的一半埋在沙子裡面。

　　現在看不到人群了，但我們繼續往前走，一般是走在狹窄街道的中

間，時而往上，時而往下，或者穿過流浪漢睡覺的拱門，經過孩子們蹲伏的門口；從醉漢和頭上圍著圍巾的婦女身邊走過。

時不時可以聽到從某個「海員之家」傳來的小提琴的尖叫，或是手風琴懶洋洋的音樂。舞步聲伴著靴子鐵跟碰著鋪沙地板時的唦嚓聲，傳喚員嘶啞地喊叫。不時還能聽到刺耳的假嗓子女歌手發出憤怒的聲音，聲音刺破長空；而自始至終是輕柔的雨絲飄落的聲音，汙水橫流的街道似乎冉冉升起了一層蒸汽。

我們到了斯特普尼，華特・貝森特（譯者注：英國作家及慈善家）在《各種各樣的人》中對這個古怪的教區進行了精細的描述 —— 每一個在海上出生的孩子都被認為屬於這個教區。我們看到了布雷克廣場，華特・蓋伊（譯者注：狄更斯小說《董貝父子》中的人物）在這裡拜訪了卡特爾船長。然後我們和皮普（譯者注：狄更斯小說《遠大前程》中的人物）一起去找溫普爾夫人（譯者注：狄更斯小說《遠大前程》中的人物）的房子，在「用水池岸」、「裂盆」和「老綠銅繩道」；老比爾・巴厘和他女兒克萊拉住在這裡，馬格維奇（譯者注：均為狄更斯小說《遠大前程》中的人物）藏在這裡。這裡集中了一些最邋邋的破舊建築物，擠在一個黑暗的角落，就像是公貓的俱樂部。

接著我們看到了萊姆豪斯教堂，在黑暗中非常顯眼。約翰・羅克史密斯（譯者注：狄更斯小說《我們共同的朋友》中的人物）在這裡巡遊，進行偵察和追蹤；約翰・哈爾姆在這裡等著萊德福特（譯者注：均為狄更斯小說《我們共同的朋友》中的人物），打算謀殺他。接著我們又到了萊姆豪斯洞，在這裡，無賴萊德福特從「再會商店」的臺階跳下。

霍金斯認為他看到狡猾的道奇（譯者注：狄更斯小說《霧都孤兒》中

的人物）就在我們前面的碼頭那裡。他走過去，東張西望。在一條翻了的舊划船下面看了看，然後凝望著碼頭，發了一個無傷大雅的誓，說即使我們抓住他，我們也沒有理由拘留他。是啊，我們要用手銬把他銬住，押他走。

「只要我能阻止就不能這樣做，」我說，「我太喜歡這個傢伙了。」幸運的是霍金斯未能找到他。

就在這裡，「非商業性遊客」（譯者注：狄更斯的同名小說中的人物）在這裡巡查，度過了無數個不眠之夜。伊斯則爾·沙默森和巴吉特先生（譯者注：狄更斯小說《荒涼山莊》中的人物）來過這裡。就著我帽子下劃著的一根火柴的亮光，我們讀著磚牆上的一個告示：「發現溺死者！」標題用的是粗大的字體，非常突出，但下面的字太溼了，看不清楚。不過毫無疑問，這就是加菲爾·海格森、尤金·瑞布恩和莫提墨·萊特伍德（譯者注：均為狄更斯小說《我們共同的朋友》中的人物）看到的同一張告示，因為霍金斯這樣說。

我們站在那裡，碼頭下面潮水流過，發出輕柔的汩汩聲，混濁的河流的黑暗處傳來一聲划槳聲：岸上有人下令要求靠岸，接著是嘶啞的帶挑釁的回答聲，一個巡夜員在喋喋不休地講著什麼。

一位員警跑著經過我們，然後回頭叫道：「我說，霍金斯，是你嗎？懷特教堂又發生了謀殺案！後備人員都被命令出動！」

霍金斯停了下來，似乎在讓自己振作起來 —— 他的身高增高了三英寸。一會兒之前我還覺得他是個大腦退化的胖傢伙，但現在他那強健的體格充滿了活力。

「又有謀殺！我就知道。比爾·塞克斯（譯者注：狄更斯小說《霧都孤

兒》中的人物）終於殺死了南茜。誰把手銬銬到他手上就可以得到五十英鎊 —— 我必須趕到最近的員警所裡去。」

他握了一下我的手，沿一條狹窄的短巷衝了出去 —— 我被留下來對抗大霧，也許還要對抗這個比爾‧塞克斯，還有狄更斯頭腦中所有其他的古怪幻影，單槍匹馬。

某位偉大的將軍曾經說過，唯一的好印第安人是死了的印第安人。我不知道為什麼這句話僅限於原住民，人們在讀訃告時總會感到氣餒，因為自己怎麼也比不上那些已經離開人世的人的高風亮節。

讓我們把這句話延伸一下 —— 抄襲一點 —— 就說，唯一完美的人就是那些我們在書中找到的人。塑造他們的方法很簡單，不過很值得貼在你的剪貼簿上。把你知道或是聽過的所有最出色的人的美德拿出來，把缺點拿掉，然後混合在一起。

在「女性小說家」的手裡，這樣一個合成物經過精雕細琢，變成了一個稻草人，小鳥從空中飛過來，並在他的頭髮中做巢。但經過專家的操縱，會出現一個能動會走的人物，似乎能感覺到生命的顫動。它甚至會在基架上占一個位子，然後和其他蠟像一起展出，因此變得與歷史難分難解。儘管這些東西只能發出笨拙的笑聲，但明智人士說：「這是狄更斯做的，因此我們就把它當作人吧。」

親愛的老泰納先生，總是以批評英國人為樂，他也願意去抓狄更斯的字眼，說：「我們法國沒有像斯庫奇（譯者注：狄更斯小說《尼古拉斯‧尼克貝》中的人物）和斯奎爾（譯者注：狄更斯小說《聖誕頌歌》中的人物）這樣的人！」

但是，願上帝保佑你，泰納先生，英國也沒有這樣的人啊。

　　小說家從生活當中提取他所認識的男人和女人，加上想像力，他就能進行創造。如果他堅持要使自己的描述非常接近事物的特性，沒有刻畫，這叫做「真實主義」。如果想像的翅膀太強，就會把倒楣的作者拎著離開地球，把他帶到一塊未知的土地。這樣的話你可能會倒下跪拜，崇拜他的角色，這樣也沒有違反「第一條戒律」。

　　沒有見過的東西就不能想像出來；但想像可以分類、省略、篩選、挑選和建造。有了一匹馬、一頭鷹和一頭大象，「有創造力的藝術家」就能創造出既非馬，亦非鷹，也不是大象的動物，但這個動物與牠們都有相似性。這個動物可能有八條腿（或者四十條），交替地帶著蹄子、爪子和腳趾；有鳥嘴、軀幹和鬃毛；可能全身披著羽毛，有著快速飛行的能力，而且能夠跑得像東風那樣快。它可以輪流嘶鳴、咆哮或者尖叫，或者以合唱的形式一起發出這些聲音，振動的力量可以增加一千倍。

　　小說家必須有生活，還必須有想像力，但這還不夠。他必須有能力進行分析和分離，然後還應該進行挑選和組裝，將他的零件組裝成為一個和諧的整體。

　　但他必須能夠做大。和現實生活同樣大小不行：雕像必須是大於真人或實物的，而藝術家的才氣必須吹入它的鼻孔，使它呼吸著真實生活的空氣。

　　生活在歷史中的人，他們的生活被巧妙地改寫。「普魯塔克是全世界所知道的最迷人的小說家。」愛默生說。

　　狄更斯的人物是特性的化身，並非具體的男人和女人。但他們好玩得多──他們就像一廠的猴子一樣好玩，和潘趣木偶戲（譯者注：傳統滑稽木偶劇，潘趣是愛惹是生非的鷹鉤鼻的木偶形象，是裘蒂的丈夫）那樣滑

稽，像「十五迷宮」一樣有趣，有時又像多彩石印畫一樣美麗。奎爾普大聲地嚼著雞蛋，把蛋殼和所有的東西都一起嚼掉，嚇唬他的妻子。此情此景讓人哆嗦，好像玩偶匣（譯者注：當蓋子被揭開時，盒子裡面像小丑一樣的木偶就會跳起來的玩具）裡的小丑對著你跳出來了。企業家莫爾德先生（譯者注：狄更斯小說《馬丁・朱述爾維特》中的人物）和律師賈克斯（譯者注：狄更斯小說《遠大前程》中的人物）就像矮胖人（譯者注：出於兒歌，其主角矮胖人是蛋狀的人）和傻老頭（譯者注：古代義大利喜劇中的人物）一樣逗人發笑。我敢說，賈克斯帶給我的快樂，沒有哪個活著的律師能給我如他一半那麼多，斯蘭默斯的談話（譯者注：狄更斯小說《匹克威克外傳》中的人物）比任何活著的醫學博士開出的藥丸都管用。用燒焦的軟木塗黑自己的吟遊詩人帶給我的歡樂，要比真正的「黑鬼」帶給我的多得多，因為這個原因，我沒有理由吹毛求疵。

狄更斯把馬、鷹和大象放到一起，創造了一個屬於他自己的動物。他把羽毛擦亮，把尾巴放到一個誇張的角度，使玻璃假眼發出炫目的光芒，而你會很樂意發誓說這個東西就是活的。

在商界到處翻尋，你就可以從一千個人那裡搜集到殘酷、貪欲、貪財和虛榮。如果你技術好，你就可以使用這些罪孽的東西，隨意地創造出一個拉爾夫・尼克比（譯者注：狄更斯小說《尼克拉斯・尼克比》中的人物）、一個斯庫奇、一個約拿斯・朱述爾維特（譯者注：狄更斯小說《馬丁・朱述爾維特》中的人物）、一個阿爾德門・庫特（譯者注：狄更斯小說《鐘聲》中的人物）、一個墨爾德斯通先生（譯者注：狄更斯小說《大衛・科波菲爾》中的人物）、一個邦得爾比（譯者注：狄更斯小說《艱難時世》中的人物），或者一個格蘭德（譯者注：狄更斯小說《艱難時世》中的人物）。

加上一點點驕傲，去掉一點點虛偽，加上一丁點兒假話，再用這樣那

樣的毛病調點味，你創造的人可以靠著籬笆放著，等著晾乾了。

然後你可以把所有這些可笑的特性集中起來 —— 胡思亂想、愚蠢的驕傲，怪癖、毫無根據的希望，加上水中撈月的夢想 —— 你造出了麥考伯（譯者注：狄更斯小說《大衛‧科波菲爾》中的人物）。加上一點自信和一丁點兒虛偽，你就造出了佩克斯尼福（譯者注：狄更斯小說《馬丁‧朱述爾維特》中的人物）這個產品。把自信去掉，用怯懦代替，結果是齊利普醫生（譯者注：狄更斯小說《大衛‧科波菲爾》中的人物）或者尤瑞爾‧希普（譯者注：狄更斯小說《大衛‧科波菲爾》中的人物）。把整個人和愚蠢混合在一起，邦布林（譯者注：狄更斯小說《霧都孤兒》中的人物）就出來了。

接著，就好人而言，把美德和適合品味的調味品合在一起，我們創造出齊瑞布林兄弟（譯者注：狄更斯小說《尼古拉斯‧尼克比》中的人物），保羅‧董貝或者小內爾（狄更斯小說《老古玩店》中的人物）。他們沒有發展，因此也沒有歷史 —— 你遇到他們的場合會不斷變化，僅此而已。他們屬於無論陸地還是海上都見不到的一類人。

小內爾一天到晚都很乖巧，而現實生活中的孩子只在某些時候的五分鐘內乖巧。這五分鐘的週期循環往復的頻率，決定這個孩子是「乖」還是「不乖」。在間隔的時間內，他那不安分的小腳一不小心踩進了花圃；他站到了椅子上面，伸出髒兮兮、皺巴巴的小手去夠不讓動的果醬；又跑又蹦地享受純粹的、單純而快樂的童趣，或者滿懷怨恨地去踢某一個管他的人。然後這個小傢伙可能就睡著了，他在夢中微笑。媽媽說，天使正在和他聊天（保姆說風吹著他的肚子了）；他一醒過來，五分鐘的魔咒又回來了。

男人只是長大了的孩子。他們吃過早餐就樂呵呵的，到了晚上脾氣就變壞。房子、土地、穀倉、鐵路、教堂、書和賽道都是他們自娛自樂的玩具。直到他們玩累了，死神──好心的老保姆，便把他們慢慢哄睡。

　　因此一個人容易或好或壞，要看他處在什麼樣的情緒；從顏色看，他的行為很少是純白色，也不會全黑色，但通常是青灰色。怪想、脾氣、事故，都會對他起作用。仇恨的北風、嫉妒的西蒙風（譯者注：沙漠地區的幹熱風）、激情的颶風，都在擊打他，敲擊他。強大的引航員和膽怯的引航員站在舵邊輪流坐莊。但有的時候，南風會輕柔地吹過來，白天陽光燦爛，夜晚星星點點；友誼穩穩地把著舵，愛使所有一切都安然無恙。

　　這就是人的生活──在生活的波瀾起伏的海洋中航行；但狄更斯並不知道這些。伊斯側爾一定是好人，法金一直是壞蛋，邦布林總是自命不凡，斯庫奇總是──斯庫奇。在狄更斯的宴會上，你不會把齊瑞·布林誤以為是卡克爾；但在真實生活中卡克爾在某一天是卡克爾，在第二天是齊瑞·布林──是的，上午是卡克爾，吃過午飯就是齊瑞·布林了。

　　毫無疑問，像佩克斯尼福這樣荒唐的笨蛋，使偽君子的數目減少了；作威作福的和做事不公的不是那麼受歡迎，因為狄更斯描繪他們的形象時帶著掃帚。

　　從生氣勃勃、深厚的想像力那裡，他召喚出昂首闊步的精神；他給每一個人物取的名字都即合適又好玩，就像他們穿戴的小衣服和飄動的緞帶。

　　莎士比亞給他的人物起名戈博、試金石、笨舵手、狡猾、格盧米歐、莫普沙、平齊、尼姆、簡單、快速、過累、肘子、泡沫、山茱萸、小妖精、豆花、金牛座、底下、濃密、魯莽、嘎嘎、牆、長笛、豬嘴、挨餓

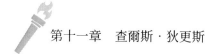

者、月光、發霉、淺薄、瘤子、公牛、虛弱、溫柏、障礙、遲鈍、芥末、犬牙、陷阱、謠言、淚單、蛛絲、英國大蘋果和蛾子；但就人物的名字和故事情節而言，「匹克威克之父」已經遠遠超過了這位大師。事實上，要給出狄更斯發明的所有這些稀奇古怪、異想天開的名字，就足以出版一本書。因為他編了一本帶目錄的名字冊，隨時可以從中挑出一個名字。然而，他只用了他的冊子當中一小部分的名字。剩餘的部分被很聰明地與大眾隔絕，否則的話，說真的，那些編寫廉價的、聳人聽聞小說的初出茅廬的作家會抓住它們不放，原封不動地使用它們。

　　狄更斯有一塊表，以它自己的方式啟動或停轉 —— 從來不管太陽是什麼樣的。他讓你看到輪子在轉，但他從來不告訴你為什麼輪子在轉。他對心理學知之甚少 —— 這個古怪的看不見的東西站在每一個行動後面。他不知道最高層次的愛，因此他從來不描繪最高層次的歡樂。他沒有在哪個地方展現逐漸喚醒某人上帝般的激情 —— 他沒有在哪個地方展現某個靈魂的進化；他很少很少觸及崇高。

　　但他給了地球人一天的歡樂，因為這個，讓我們所有人虔誠地向他道一聲謝吧！

第十二章　奧利弗‧戈德史密斯

　　奧利弗‧戈德史密斯 (Oliver Goldsmith, 1730 ～ 1774)，英
國劇作家。不論是詩歌、小說、文章還是劇本，奧利弗‧戈德史
密斯的寫作格風格均是以嬉笑怒罵的形式，藉以諷刺時弊。他
最著名的兩齣喜劇是《善性之人》、《屈身求愛》，他的戲劇以莎
士比亞鬧劇式的傳統結構，企圖重建他所謂的「暢笑」喜劇，致
力於打破當時英國舞臺盛行的感傷主義，以提高大眾的品味。

　　賈維斯：只有一些平平常常的問候卡 —— 只有這些。這是你的裁縫送來的帳單；這是你的綢布商送來的；這是克盧克德巷的小經紀人發來的。他說要收回你借的錢，他已經費了九牛二虎之力了。

　　賀尼丟：但我肯定，我們當時可是費了九牛二虎之力才讓他借給我的。

　　賈維斯：他已經完全失去耐心了。

　　賀尼丟：那麼他失去了一件好東西。

　　賈維斯：這裡還有你要送給船隊那個窮人和他的孩子的十個幾尼。我相信這點錢可以讓他的嘴巴閉上一會兒。

　　賀尼丟：唉，賈維斯；但是又怎麼能讓他們同時嘴巴裡有東西吃呢？

—— 奧利弗‧戈德史密斯

　　愛爾蘭島有著印第安那州一樣大的面積；它對於土地的親切比世上任何國家都更強烈。

　　愛爾蘭有五百萬居民；曾經有過八百萬，已經走了三百萬。要是想到土地所有制，人們又會想，剩下這五百萬幹麼不一起走掉算了。但愛爾蘭人民是充滿詩意的人民，他們孩子般地熱愛他們祖輩留下的土地，全身心地投入甜美的回憶當中，透過歌聲和傳說扎根於僻靜的地方和奇特的角落裡，因此情感之蔓已經將他們緊緊抓住。

　　愛爾蘭非常美麗。它的牧場和草場被鮮花裝點，被綠水哺育，無邊無際的樹籬穿越其中，折返回來，然後伸展開去，在薄霧輕繞中逐漸消失得無影無蹤，此景宛如詩人的夢境。鳥兒在白色山楂樹上和黃色金雀花樹上沒日沒夜地唱著頌歌，芬芳的夏日之風懶懶地吹過田野，滿載著美麗花朵的芳香。

對於許多人來說，一想到離開愛爾蘭，就像是要跨過名叫死亡的黑河 —— 除此之外，即使他們想離開，他們也沒有足夠的錢買一張最低價位的艙位票。

那條名叫死亡的黑河的對面不會有匯款過來，但許多美元從美國匯回到愛爾蘭。這些匯款確保可以經常提供必要的冠達（譯者注：著名船運公司）通行證的歐布魯斯（譯者注：以前歐洲通用的小硬幣）。

每當一名愛爾蘭人在皇后鎮登船，五百萬居民當中的一部分就會到岸邊送行。不久以前，我和送行的人群一起看著兩名英俊小夥子走上踏板，每個人都帶著一塊紅色的方巾，包著自己的全部財物。當漂亮的輪船起航離開時，我們瘋狂地號啕大哭，哭聲淹沒了海浪的抽泣聲。所有人都在痛哭 —— 我也在哭 —— 當巨大的黑船變成了西邊地平線的一個小點，我們帶著強烈的悲傷相互擁抱。

愛爾蘭到處是美 —— 它的自然的美是非常罕見的、光彩照人的一類美。藝術家只要一想到這樣的美不能持久地保持下去，就會感到心裡一痛。在鄉村的道路上，在適當的時候，遊客就會看到已經長成婦人的赤腳女孩，他們會在心裡感到納悶，這些女孩的臉頰像成熟的蘋果；會笑的眼睛長著長長的、黑亮的、淘氣的睫毛；她們的眼睛宛如象牙；她們的脖子姿態完美；她們的腰身有著純粹的希臘美，從來不知道束腹胸衣為何物。

當然，這些女孩知道我們仰慕她們 —— 她們怎麼會不知道呢？她們把大大的籃子挎在姣美的胳膊上，把包包穩穩地放在頭頂上。而我們，突然變得疲勞，坐在岸邊等著她們經過，假裝對她們的魔力無動於衷。

一旦她們安全地經過，我們仰慕地細看她們在柔軟的泥漿中留下的痕跡（夜間下過陣雨），然後我們發誓，時間流逝，但這樣的足跡從未被留下過。

　　愛爾蘭典型的年輕婦女是結婚前的朱諾那樣的；典型的老婦人是卡利班（譯者注：莎士比亞名劇《暴風雨》中的角色，魔法師普洛斯佩洛的一個醜陋凶殘的奴隸）被丟棄之後的塞克拉克斯（譯者注：卡利班的母親）這樣的。可以看到滿臉皺紋、牙齒掉光、臉色枯黃的醜老太婆坐在路邊，搖來晃去，輕聲哼著一首歌，歌聲可以和《馬克白》裡面的女巫釀造地獄羹時的哼哼聲相媲美。

　　看看那張面黃肌瘦、滿臉疤痕、痛苦不堪的老臉 —— 它是怎樣述說著一顆枯萎、苦澀的心啊！如此遲鈍又如此警惕，如此多變又如此冷漠，如此古板又如此狡猾 —— 皺紋滿臉的矛盾體，窒息一半的絕望已經把魔爪伸向靈魂，直到它拚命逃脫，只留下死沉沉的漠然或者貪婪的期盼在那裡述說這個悲慘的故事。

　　「看在上帝的分上，施捨一點吧。好心的紳士，施捨一點吧！」這個駝背、乾瘦的老太婆向前伸出一隻長長的、骨瘦如柴的爪子。要是你就此走過，她會望著你的頭罵著詛咒你的話。如果你夠聰明，你會走回來，扔給她一個銅板，這樣就可以阻止這些寒冷的目光射向你的脊骨。這些老婦人是我在愛爾蘭見到的最讓人難受的景象。

　　「啐！」我跟一個朋友談起此事時他說，「這些老女人都是演員。如果你坐下來和她們談談，我就跟她們談過，她們就會大笑，會跟你開玩笑。然後告訴你，她們的兒子在美國當員警。然後拿走你的菸，吞雲吐霧，接著問你是否認識住在『芝加哥』的麥克·奎爾。」

　　最後一絲美麗的痕跡，早已離開了這些令人厭惡的乞丐的臉上，但還是有一類女性的美麗隨歲月流逝而展現。只有當智力與情感，跟上精神欲望的需要時才能找到這樣的美；而在愛爾蘭，思考經常被認為是一種罪

惡，迷信盛行，貪婪做主，飢餓蹲伏，這樣的美非常非常少見。

但我在綠寶石島（譯者注：指愛爾蘭島）遇到一個女性，她的頭髮雪白，她的臉膛似乎散發出一種祝福。這張臉經歷過悲傷的千錘百煉，經歷過渴望的淨化提純；因為恰當地運用智力而變得心平氣和，因為自信而變得堅強，因為對於未見過的事情有熱誠的信念而變得溫文爾雅。這證明了凡事皆有可能。

當國家都解除武器的時候，愛爾蘭將拿到第一名，因為在拳擊界她是至高無上的。

詹姆斯·洛厄爾曾經說過，只要是還存在「決鬥法則」的地方，男人見到女士就會舉帽示意，並說「對不起」和「請」。既然洛厄爾勇於替那些認為自己「個人負責任」的男人說點好話，我也大膽地說一句，那些從自己肩膀發出攻擊的男人幾乎全部都是對陌生人有禮貌的。

女人可以單獨一人徒步於愛爾蘭，完全安然無恙。每一個地方都能找到禮貌和友善，到處洋溢著興高采烈。

在過去二百年的所有不法活動當中，二十分之十九是針對地主的代理人的。這是一個非常帶有愛爾蘭特色的行為 —— 被代理人犯罪，代理人受罰。當地主自己從英國過來的時候，他在「他的人民」當中激發出一種父親般的興趣。他發給他們禮品和廉價的紀念品，人們帶著謙卑的服從對待他。地主的代理人去美國的時候，他在密西西比河的汽船上擔任大副；在南北戰爭之前，他在南方擔任監工。就是他教會「手下」惡行，並讓他們去執行；有的時候，會變得強硬，因為他們比指令更管用。

但愛爾蘭還有另一個角色，男孩有時會想去做，那就是「鄉紳」。他們是個樂天派，穿著緊身馬褲、紅色外套、六號帽子。他們長著絡腮鬍

子，帶著獵犬打獵，騎著馬穿過老實人的麥地。真正的地主住在倫敦，「鄉紳」也想這樣做，但付不起那麼多的錢。當然，「鄉紳」和「鄉紳」還不一樣，我腦子裡想的一類是，試圖讓別人把他當成英國人的愛爾蘭人。他們是那類奇特的人 —— 沒有國家的人。

有一種理論，大意是說，宇宙母親在分發快樂的時候，給每人都分了一份同樣多的快樂 —— 在石路上跋涉的乞丐和乘坐馬車經過的國王一樣快樂。這是一個非常古老的信念，許多知識淵博的人都確信無疑。我第一次聽到這個說法就被它吸引住了，並把它當成真理。

但最近我的信念開始動搖，因為不久前我在紐約的時候，順著大理石臺階爬上一座豪華的宅邸，一個穿著制服的僕人迎接我，並把我的名片放在一個銀盤呈給他的主人。這個主人的兒子在「基利戒酒院」，女兒已經入土為安，妻子則已逃之夭夭。他的心就像海上的冬夜一樣孤單。命運女神給了他一個馬夫、一個管家、一個花工、一個男僕，但她奪走了他的快樂，帶著它穿過愛爾蘭一個茅草屋頂上的小孔，來到一個塗著灰泥的棚屋裡面。在這裡，每天晚上，六個臉色紅潤的孩子在一張稻草床上睡得香噴噴的。

在那個棚屋我住了兩天。裡面是石頭地面，光禿禿的，牆刷得粉白；但有一叢薔薇蔓過大門，裡面健康而快樂的氣氛，使得吃一頓香草早餐也會充滿快樂，而裡面的柔情使日常的瑣事也被觸動而變成詩歌。

但是最好要記住，美國的愛爾蘭人與愛爾蘭的愛爾蘭人並不一定相同。經常是更高的文明帶來的後果是退化。就像中國人很快就學會最難聽的罵人話，印度人很容易酗酒，有些年輕人第一次讀了愛默生的小品文《依靠自己》之後就變得好鬥，到處亂跑。因此，有時候第一次滿口呼吸

自由的空氣之後，將催化出愛爾蘭人最糟糕的東西，而不是最好的東西。

你穿越愛爾蘭流浪，結識了一位藍眼「好漢」，他體重一百九十鎊，胸圍四十四英寸，從中可以瞥見高貴特性的痕跡及神祕可能性的暗示。有一些動作讓你明白，構成偉大的基本元素已經不復存在，你會想起舉辦奧林匹克運動會的那段日子，同時你在口袋裡用手指撥弄著銀幣，然後偷偷地放到你面前的這個二十歲、粉紅臉、六英尺高的「小夥子」身上。

愛爾蘭沒有森林，但在泥炭沼發現一些巨大樹幹的遺跡，它們曾經舉起伸展的枝條迎向太陽。這些雄偉森林的遺跡是否是人類某一種族的象徵，他們已經消失了嗎？

在倫斯特省的路邊的每一個小村莊，你都能找到一個像阿波羅的模特兒。他衣衫襤褸，身材魁梧，大字不識，但他能歌善舞，並且善於搏鬥。他有著善辨顏色的眼睛，有著善聽音樂的耳朵，有著善賞節奏的品味，有著對創新的熱愛和對樂趣的渴望。此外，他有著笨拙的同情心，可憐別人時眼淚隨時會噴湧而出。

那麼，這樣一位完好的「原始人」，是否將變成受禁錮的進化的犧牲品？隨著歲月的壓迫，逐漸沉淪為純粹動物般的愚蠢和呆頭呆腦的迷信？很可能這就是他將變成的樣子，二十歲是他智力的最高峰。夏天並不能實現春天的希望。

但是，這些美麗的、光彩照人的愛爾蘭女孩當中，偶爾還是有一個能留下可以持久的足跡（在更好的生活當中），而不僅僅是爛泥當中一閃即逝的痕跡，因此就有了伯克、威靈頓、歐康納爾、謝里丹、湯姆摩爾和奧利弗‧戈德史密斯。

戈德史密斯是一名愛爾蘭人，斯威夫特（譯者注：1667～1745，愛爾

蘭裔英格蘭作家，以其包括《格列佛遊記》和《一個小小的建議》的諷刺作品而聞名）是一名英國人，卻碰巧在都柏林出生，父母是愛爾蘭人。薩克萊在比較這兩個人時說道：「我覺得我寧願接受戈德史密斯給我的一個冷馬鈴薯和一句友好的話，而不願受惠於教長（譯者注：指斯威夫特）的一個幾尼和一頓飯。不，教長不是一名愛爾蘭人，因為沒有哪個愛爾蘭人在接濟別人時不說一句好話、用一片好心。」

查爾斯・戈德史密斯是一名牧師，每年有四十英鎊收入，談不上富裕。他有著由八個孩子組成的快樂小家庭，其中七名沒有走入歧路的孩子變成什麼樣了，我並不清楚。但最小的，也是最樸實的一位變成了倫敦最受愛戴的人。這些多病的男孩能夠接受教育只是因為身體太弱不能工作 ── 他們的生命創造了什麼樣的紀錄啊！

小奧利弗長著獅子鼻和 O 型腿，他的拳頭不夠大，不足以去和別人打架，但他有一個大腦袋。因為他漫不經心，所以許多人認為他遲鈍而愚蠢，另外有一些人則堅信他很壞。事實上，我們也承認，他的確會偷蘋果，掏鳥窩，在「圍繞路邊的快要散架的籬笆」上，他給帕第・拜爾恩 ── 他的老師 ── 畫像。這位老師的小腦袋裡裝滿了知識，讓鄉下人感到驚奇。但帕第・拜爾恩也崇尚藝術至上的原則，因此他把教鞭用力地打在小戈德史密斯的身上，希望把這位小夥子的愛好從藝術轉到算術上。我覺得這個計畫不是很成功，因為這個長著青春痘的年輕人經常受罰戴上「笨帽」。

「還有，先生，」詹森博士多年以後說，「這樣做一定是罪有應得。」

看來帕第・拜爾恩是「寄宿的」，部分時間是住在教長的屋簷下。現在我們都知道學校老師是雙重性格的人，一旦離開校園，把上課的袍子脫

去，經常就變成了好心的、誠實和率直的人。在他正式的位置上，帕第‧拜爾恩讓這位獅子鼻小男孩的日子非常不好過。但是一旦他離開校園，他便為此感到難過，這樣他就又像他本來就是的真正的愛爾蘭人。我不知道尊嚴是否就是我們用來掩蓋無知的面具，但當帕第‧拜爾恩當老師的時候，看起來是非常嚴厲的人；但當他作為平常的帕第‧拜爾恩的時候，他是一流的好傢伙。

夜間他將小奧利弗抱在膝蓋上，並沒有幫他溫習功課，而是給他講強盜、海盜和走私犯的故事 —— 事實上講的都是男孩喜歡聽的各種各樣的故事：仙女、小妖精和鬼怪的故事，獵獅和打老虎的故事，據說勇敢的帕第是主要參加人。這位老師曾經當過士兵和水手。他去了許多陸地，當談到自己的冒險經歷時，無疑他經常將想像誤作記憶。但這些故事抑制了奧利弗學習有用知識的欲望，反而給了他周遊世界、進行冒險的渴望。

拜爾恩也喜愛詩歌，並教會小夥子寫押韻詩。男孩的媽媽非常自豪，她非常小心地保留著這些幼稚的詩句。

所有這些都發生於西米斯郡縣的利索伊村。但是如果你在地圖上看，卻怎麼也找不到利索伊村。從阿斯龍往東北走六英里‧從巴厘馬紅走三英里就可以找到這個「赤褐村」。

當戈德史密斯還是個男孩的時候，利索伊村的情景是：

甜美的赤褐村！
草原上最可愛的村莊。
這裡，健康與富裕使勞動的鄉村青年歡天喜地，
微笑的春天是最早的訪客，
離別的夏天戀戀不捨地留下鮮花

—— 親愛的天真自在的可愛村舍，

我的青春所在，

每一次嬉鬧都給人快樂

—— 我經常在您的綠地漫遊，

樸實無華的快樂使每個場景都可親可愛；

我是多麼經常地駐留在每一個迷人的地方：

掩蔽的村舍、

耕種的農莊、

永不斷流的溪流、

忙碌的磨坊。

漂亮的教堂高高地聳立在鄰近的山上。

山楂樹叢、樹蔭下的座位，

可在此談天說地，

戀人竊竊私語。

我經常祝福即將到來的一天，

當辛勞的時間過去，

到了玩樂的時間，

整個村莊不再需要辛苦勞作，

在伸展的樹下爭著開始嬉鬧

—— 無數的消遣在樹蔭下度過，

年輕人你追我趕，

年長者在一旁觀看；

多少人在地上嬉戲打鬧，

活蹦亂跳。

藝術的技能與力量的本領

都在這裡展示。

在美國，要建立一個「城市」的話，第一件事情是將土地分成城鎮地塊，然後把這些地塊賣給買主。這是非常現代的方案。但在愛爾蘭，整個村莊屬於某一個人，這個地方的每一個人都要支付租金。村莊從一代傳到另一代，有時會被直接賣掉，但不允許賣掉邊邊角角的地塊。當一個人住在你的房子裡，你隨時可以把他趕出去，當然，他更可能會表現得文明一點，只要他沒有擁有這個地方。

但是，愛爾蘭村莊的居民有時候會全部打點行裝，遺棄這個地方，除了村莊鄉紳和那個好人 —— 地方的代理人。村舍變成了羊圈或者乾草棚。它們可能被推倒，或者如果還豎立在那裡的話，就聽憑老天爺處置了。遊客經常可以看到這樣的情景。

此時，擁有利索伊村每一寸土地的地主住在倫敦。他生活得很好。他有時候會賭一把，因為牌不怎麼聽他的話，他欠了債。因此他寫信給利索伊的代理人，要求提高租金。他就這樣做了，威脅、強迫，然後 —— 居民們打點行裝，把村莊完整地留給地主自己了。讓戈德史密斯告訴我們：

甜美微笑的村莊，

草原上最可愛的村莊，

你的嬉鬧已經逃之夭夭。

你的魅力已經退消：

你的村舍中可見暴君之手，

荒蕪使所有的綠地難過悲傷；

唯一的主人抓住了整個村莊，

一半的耕地使你那草原的微笑霧散雲消。

你那明淨如鏡的溪流

不再反射出白日的光芒，

被莎草阻隔，在雜草中穿行；

你的林間空地，

有位孤獨的客人，

發出低沉聲音的麻鴉守護著牠的巢穴；

你荒涼的人行道上，田鳧飛過，

牠們永不改變的叫聲使回聲變得疲倦。

你的村舍凹陷，

變為不成樣子的廢墟，

高高的野草伸過坍塌的牆；

顫抖著、畏縮著，

從掠奪者的手中逃脫，

你的孩子們遠遠地、

遠遠地逃離這塊土地。

當時，一位名叫納皮爾的有爵位的紳士是這塊地產的主人，因為他的佃農都離開了，他一怒之下把他們一排排的漂亮白色農舍全部推倒，把校舍摧毀，把磨坊炸掉，然後把所有的東西集中在一起，在山坡建造了個豪華的宅邸。

此時手中的牌顯然是順他的方向走了，但是不管怎麼樣，他還擁有其他幾個村莊。因此儘管他既不耕地也不紡織，他仍然衣冠楚楚，有吃有喝。但納皮爾閣下並不能長生不老，因為他死了，然後被埋葬；在他的墳地上，人們豎了一塊墓碑，上面寫著：「他是被壓迫者的朋友。」

在赤褐村的再生中，一首簡單的詩歌有如此大的影響力，在文學的紀錄中，據我所知，從來沒有過。沒有人可以住在一個村莊，然後運用他的天才把它照亮。他的同村人和鄰居，只會在很有限的範圍內受到他的高談闊論的影響。他的存在會引起別人的針鋒相對，因為「個人的感觸」既能吸引人也會排斥人。他死後，七個城市為了證明是他的出生地而爭鬥；或者他離開之後，他的聲名可能會傳回到他熟識的場景當中，名聲會越變越好。

隨著時間的流逝，納皮爾的地產逐漸破敗，然後被賣掉了。霍根船長成為利索伊村所在地的主人。霍根船長是一個富有情感的商人，他開始使它變回為戈德史密斯所熱愛及使之不朽的村莊。他用了戈德史密斯提供的名字，直至今日它仍然叫赤褐村。

在村莊的綠地上，長著最初就在這裡生長的山楂樹，圍在石牆裡面受到保護。牆上有一個告示，禁止折斷樹枝。

在樹的周圍有一些座位。一天晚上我和「談天說地者」以及「竊竊私語的戀人」一起坐在那裡。當晚的歡笑是屬於平靜的一類，我聽著一位老者向在場的一小群人背誦〈廢棄的村莊〉全文。我給了他六個便士，這些錢很少，因為他的愛爾蘭土音真的很動聽。我是在場的唯一的陌生人，我很快就猜出這個娛樂活動主要是為我一人而設，因為我吃藥時看到他們在偷偷地看我。

坐在我旁邊的一位年輕小夥子向我提供了一些戈德史密斯的資訊，另一邊的婦女也告訴了一些，然後背詩的老者建議我們走過去看看「確實應當出名的戈德史密斯醫生經常動情地演奏豎琴」的麥酒館。因此我們換到「三個快樂的鴿子」酒館 —— 我們有十幾個人，包括戀人們，我親自邀請他們過來。

「奧利弗‧戈德史密斯真的就在這間房裡演奏豎琴？」我問道。

「是啊，真的是，先生，如果你不相信，你可以坐在他坐過的那張椅子上。」

因此他們帶我到豎放在小小的升起平臺上面的一張大椅子旁，我坐在這張肯定是戈德史密斯出生前製作的橡樹大椅上。然後我們喝著麥酒（我請客）。戀人們則坐在一個角落，用同一個杯子喝酒，很特別的是，從同一面喝，自己格格地笑著。

老者又想背一遍〈荒蕪的村莊〉，但被強行制止了。店主自己主動演唱了一首戈德史密斯創作的歌曲，不過我在戈德史密斯的作品當中沒有找到這首歌，歌的名字叫〈當愛爾蘭獲得自由〉。歌曲有十三節，有一段合唱，還有重複歌名的疊句。在每一節之後我們齊聲高唱，並敲打桌子上的玻璃杯，打著拍子。

接著我們把酒乾完，詛咒英國的地主不得好死，然後把杯子又加滿，我被叫過去發表演講。我回應了幾句話，獲得了大聲喝彩，然後大家熱烈地祝福「美國的貴人」身體健康，並把灑喝光。

「三個快樂的鴿子」酒館是逐字逐句地按照以下內容安排的：

刷得白亮的牆，

鋪滿沙子的地，

看不見的鐘在門後發出滴答聲；

箱子裡的錢是應付債務的兩倍；

晚上睡覺用的床，

白天成了五斗櫃；

畫像放在那裡作裝飾，

同時也可以使用；

十二條有用的規則，

皇家追鵝遊戲。

請看，在橡木大椅後面的牆上就是「十二條有用的規則」。

第二天上午我看到了村莊傳教士樸素的宅邸，「所有漂泊的人們都熟知他的房子」，然後看到了小小的石頭教堂。在較遠處我找到了鮮花盛開的金雀花樹，正無怨無悔地開得爛漫奔放，這是村莊老師在小小的學校教書的地方。現在一位聰明伶俐的年輕女士在這裡教書，可以肯定她能寫會算，因為我在黑板上看到「算術題」，我也看到她在牆上用彩色粉筆寫了一些非常漂亮的格言，我相信帕第．拜爾恩從來不會想到做這樣一件事。

校舍下面是一條美麗的小溪，溪流跳著舞越過小鵝卵石，然後不知疲倦地轉動著古老磨坊的輪子；我看到了不遠處諾克魯山的山頂，戈德史密斯說，他寧願手裡拿著一本書坐在這裡，也不願和皇宮貴族混在一起。

戈德史密斯的詩歌清澄、甜美，而且有益身心。他無論到哪裡都招女人喜愛，對此我並不感到奇怪。他還是個嬰兒的時候就是這樣。因為他是幾個好心老太太的寵物，其中一個用紙牌進行實物教學，教他數數。他驕傲地說，他三歲時就能找出「有十個花的紙牌」。這種對紙牌的熱愛嚴格地講並不是一個優勢，因為他十六歲的時候，到都柏林去上大學，口袋裡帶著五十英鎊和一副紙牌。在都柏林的第一天，他遇到了一個人，那人認為自己比奧利弗對紙牌知道得更多 —— 那人的確如此：三天之後奧利弗身無分文地回到甜美的赤褐村，但他非常高興回到家，大家也很高興看到他。「好像我去了一年似的，」他說。

但是，過了幾個星期後，他沒有帶行李，只帶了一個豎琴出發，他在

村莊裡和酒館裡演奏，有時在富人的家裡演奏。他的悅耳的音調贏得了所有人的心。

《浮華世界》的作者說：「你經過一天的戰鬥之後回來，心情煩躁、全身疲憊。而這位可愛的吟遊歌手對著你歌唱。這位好心的流浪豎琴手又會傷害到誰呢？他又傷害過誰？他沒有帶任何武器——只有對著彈奏的豎琴；透過它給所有的人帶來歡樂，無論是偉大的還是謙卑的，年輕的還是年老的，帳篷裡的上尉們還是圍著篝火的士兵們，或者村莊裡的婦女和孩子們，他停在他們的門廊，唱著他那淳樸的歌頌愛和美的歌曲。」

當戈德史密斯於 1756 年到達倫敦時，他衣衫襤褸，身無分文，無依無靠，被人遺棄。在鄉村他總是能找到辦法，但城市對他來說既新奇又陌生。好幾天他都在到處乞討，為獲得一塊麵包皮吃，夜間睡在門口，夢裡回到溫柔的利索伊村，享受絢麗的富有，甚至最窮的人都有足夠的食物，太陽下山之後都有一個溫暖的地方可以讓你蜷縮在一起。

他最後在一家藥店找到了一份職員或者門房的工作，在那裡他待到賺到足夠的錢，買了一件天鵝絨外衣和帶有褶飾邊的襯衫。然後他搬到岸邊住，並掛出了外科醫生的牌子。鄰居都覺得這個小醫生很好玩，婦女會從兩層樓的窗戶對他喊道：今天天氣真不錯。但當他們生病的時候，會找別的醫生看病。

此時戈德史密斯二十八歲，從來沒想過用他的筆來謀生。但他愛書，經常在書店消磨時光，詢問首版書的價格，和贊助人談詩。他湊巧以這種方式遇到了撒母耳・理查森，後者因為創作了第一部英語羅曼史而贏得了「謊言之父」的頭銜。為了獲得必要的糊口的麵包，戈德史密斯醫生請求理查森讓他為其校書樣。因此理查森雇用了他，並在校樣中發現這位愛爾

蘭醫生也能寫幾下。

　　他感染上了「文學淫疹」，創作了一個悲劇，並讀給理查森和一些聚集在一起的朋友聽。他們公認它「低劣，非常低劣」。但有一個人認為也不像他們說的那麼糟糕，此人為小醫生的一些書評找到了一個市場，但這個悲劇還是給丟到火爐裡去了。用他的書評賺到的錢，醫生買了鵝毛筆和墨水，並在瓶子當中找到了靈感。

　　戈德史密斯來往於格拉布街（譯者注：倫敦窮作家聚居區），衣衫襤褸，邋遢破舊，口袋空空卻充滿希望，在骯髒的咖啡館吃著便宜的晚餐，為了英國的文學而乾杯。

　　接著我們發現戈德史密斯大膽地站在改革的一邊。白天他給雜誌寫文章，早上鈴一響就開始工作，中午休息一小時，然後接著工作，直到夜幕降臨。格里菲斯先生 ── 《每月評論》的出版商 ── 是他的雇主。為了保住他最新奪取的戰利品，出版商讓這位長著青春痘的愛爾蘭人住在自己的房子裡，格里菲斯夫人悉心照顧他，在他落伍時鞭策他，更正他的抄寫稿，突出展現天賦比較多的部分，在這裡或那裡插入一個單詞，這樣就熬製出一劑純粹中立的藥劑，而這似乎是雜誌讀者一直想要的。

　　偶爾這些文章會由大師適時署名，因為這樣會增加它們必須的分量。據說，甚至現在還有一些編輯以這種方式雇用非法勞工。不過我肯定並不是這樣，因為我們生活在競爭的時代，直接雇用大師提供一些廢話一樣便宜，而不用去雇用外國窮人，並且還要額外付給修改文章的老婦人薪水。

　　在「格林菲思文學工廠」工作了五個月之後，戈德史密斯在一個黑暗的夜晚翻越了這個障礙，他留下了一首歌謠，貼在牆上，不僅歌唱了格林菲思夫人的眉毛，也歌唱了她的假髮。

不久之後，在戈德史密斯三十歲的時候，他出版了第一本書：《對歐洲古典教育現狀的探討》。它幫他賺了一點錢，還帶來一點微不足道的名氣，於是他在綠蔭宮找到了更好的住處，打算做一點偉大的事。

戈德史密斯去世半個世紀之後，歐文訪問了綠蔭宮：

「最後我們來到福利特市場，穿過市場，在一個狹窄的街道處拐進去，走到一段長長的、陡峭的石梯的盡頭，這段石梯名叫『斷頸梯』。從這裡就可以走到綠蔭宮，戈德史密斯不知多少次冒著『斷頸』的危險從此走過。當我們走進庭院時，我情不自禁地帶著微笑想，天才是在什麼樣的偏僻角落哺育他的兒女啊。我發現，所謂的『宮』只不過是被高高的破爛房子包圍的小小的廣場，每個窗戶都飄動著破舊的外衣和低俗的服裝。它看起來是洗衣婦的世界，廣場上伸出了各種各樣的繩子，上面掛著衣服等著晾乾。可憐的戈德史密斯！他過了一段什麼樣的日子啊，他天性喜靜，又有著緊張的習慣，卻在這個充斥噪音和粗話的小窩裡動筆寫文章。」

人們可以想像得到戈德史密斯可能拿斷頸梯和綠蔭宮開玩笑的全過程，順便說一句，綠蔭宮根本就不綠，而且根本就沒有樹蔭。

「先生們，我被允許入宮去了！」戈德史密斯某天在法冠酒館自豪地說。

「對啊，是的，醫生，我們都知道 —— 綠蔭宮！每一個爬過『斷頸梯』的人肯定都能入宮了。」湯姆‧大衛斯說。

1760 年，戈德史密斯搬到酒室庭十六號住，他在那裡創作了《偉克菲爾德牧師傳》。博斯韋爾記錄了詹森博士到那裡探望他的情景：

「一天上午，我從可憐的戈德史密斯那裡收到一個訊息，說他有很大的麻煩，而且因為他不能到我這裡來，請求我儘快到他那裡去。我派人送

給他一個幾尼，答應直接去他那裡。我一穿好衣服就到他那裡去，發現他的女房東抓住他，向他要租金，而他對此反應非常強烈。我看出他已經花了我的一幾尼錢，面前放著一瓶馬德拉酒（譯者注：馬德拉白葡萄酒，一種烈性的甜葡萄酒，尤指產自大西洋馬德拉島的）和一個杯子。我用軟木塞塞住瓶子，要求他平靜下來，並開始和他商談可能解脫的方法。他告訴我有一部準備出版的小說，是為我創作的。我流覽了一下，看到了它的價值；我告訴女房東我很快就回來，然後到一個書商那裡賣了六十英鎊。我把錢帶給戈德史密斯，他付清了房租，沒有忘記臭罵女房東一頓，因為她對他這麼不友好。」

戈德史密斯創作的劇作《善性之人》使他獲得了五百英鎊的收入。他馬上花了四百英鎊購買紅木傢俱、安樂椅和帶飾邊的簾子，還有威爾頓機織絨頭地毯。然後他就呼朋喚友。他住在中殿的磚庭二號。布萊克斯通（譯者注：英國法官和教育家，著有《英國法律評論》）正好住在他樓下的房間，正在用功地寫他的「評論」，就像許多律師的書記員一樣。他對「那些樓上的傢伙」令人憎惡的噪音和喧鬧提出抗議，但被邀請到屋裡去聆聽機智之談，既然他正好過來了。

我相信執行官最終把紅木傢俱奪走了，但戈德史密斯把住處保留了下來。他們目前還將房子維護良好，房子主人非常有禮貌，熱心地給好奇的人們看各個房間。沒有誰試圖去建造一個博物館，但可以看到屬於戈德史密斯的各種物品，另外收集了一些有趣的肖像畫。

《旅人》出版之後，戈德史密斯確立了他的聲譽。只要他寫劇本、評論、歷史或批評，他的作品就會有人使用。大家都說，寫得「很聰明」、「很有才氣」，或是諸如此類的話，但是真正贏得大家的心，是詩人寫的優美的韻律詩，詩中盡情傾訴了他與哥哥的骨肉情深。如果有人讀到《旅

人》開頭的幾行文字，他的視線不會被某樣薄霧般的東西所模糊，我為他
感到可憐：

> 無論我漂泊流浪到何方
>
> 無論我到了怎樣的異國他鄉
>
> 我的心並未隨我四處飄蕩
>
> 它飽含深情隨你走四方
>
> 它依然陪伴在我兄弟的身旁
>
> 永不停歇，伴他徜徉
>
> 邁出的每一步伐
>
> 把心連著心的鏈條，拉長……

據我所知這是最早使用我們美國印第安人名字的英國詩歌：

> 狂野的奧斯威爾河啊
>
> 把溼地沼澤四處播撒
>
> 雄偉壯觀的尼加拉瓜
>
> 它震耳欲聾奔瀉而下

（譯者注：奧斯威爾河是一條美國河流，約有 37 公里長；尼加拉瓜大
瀑布位於美國與加拿大交界處）

事實上，戈德史密斯差一點成為我們美國的入籍公民。據他自己說，
他曾經獲得了去波士頓的通行證，在把行李搬到船上之後，他回到鎮裡和
一位漂亮女士匆匆忙忙地說一句告別的話，等他回到碼頭時，船已經帶著
他的行李駛遠了。

他最熱切的希望是在甜美的赤褐村度過最後的時光。

我踟躕混跡於這紛擾的世界

所有的憂愁 —— 我的那份上帝並未忘卻

我仍懷企盼

能圓滿度過這最後的歲月

請將我安放在這簡陋的村舍喲

我垂危生命顫顫的微光不再失卻

讓長眠抱擁火焰永不鬆懈

我仍懷企盼

為有自尊仍將我們陪伴 ——

我在青年中把讀書心得傳遍

我述說的所聞所見

吸引大家聚在篝火邊

我像那野兔,被獵犬和牛角所追獵

氣喘吁吁奔回我出逃的洞穴

我仍懷企盼

一切煩惱如過往雲煙

奔向故土,回到家鄉

　—— 流浪的靈魂終於停步,在此安歇

　　但他於 1754 年離開愛爾蘭之後再也沒看到過愛爾蘭。他於 1774 年死於倫敦,享年四十六歲。他被埋葬於坦普爾教堂,那裡豎著一塊小小的墓碑,上面只有這幾個字:「奧利弗・戈德史密斯在此處長眠。」

　　霍金斯(編注:英國作家)曾經拜訪過諾森伯蘭伯爵,發現戈德史密斯在外面的一個房間等待,為回應伯爵的邀請而來。霍金斯結束拜訪之後,等著戈德史密斯出來,因為他感到好奇,想知道為什麼伯爵請他過來。

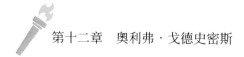

「嘿，」霍金斯說，「他跟你說了些什麼？」

「伯爵告訴我他讀過《旅人》，他很喜歡這本書，因為他很快要去擔任愛爾蘭總督，問能為我做什麼！」

「你怎麼跟他說的？」霍金斯緊迫地問道。

「噢，我沒什麼好說的，但我很高興他喜歡我的詩 —— 我有一個兄弟在愛爾蘭，一個牧師，他正好需要幫助 ——」

「好了！」霍金斯說，並離開了他。

對霍金斯來說，我們要感謝他對此事的描述，但在談到此事之後他加上一句：

「就這樣，這個對世事一無所知的白癡，將自己的前程視同兒戲！」

誰願意就這個故事說教就讓他說教吧。但是你看看這句話：「我有個兄弟在愛爾蘭，一個牧師，他正好需要幫助 ——」

倫敦的兄弟，美國的兄弟，愛爾蘭的兄弟，需要幫助的兄弟！所有的人都是他的兄弟，那些需要幫助的人，首先進入他的腦海中。

親愛的小戈德史密斯醫生，你不是騙子，沒欠我什麼東西，但是，等我也到了精神世界，我一定要到處搜尋，直到找到你為止！

第十三章　威廉・莎士比亞

威廉・莎士比亞（William Shakespeare, 1564～1616），被許多人認為是英國文學史和戲劇史上最傑出的詩人和劇作家。同樣是西方文藝史上最傑出的作家之一、全世界卓越的劇作家之一，華人社會亦常尊稱為「莎翁」。他一生共創作了三十八部劇本，此外還寫了一百五十四首十四行詩和幾首長詩，這些詩歌不只是單純的敘述，而且能觸及人類本性中最深層的部分，因此被很多人認為是英國文學史上的佳作。一般人認為，莎士比亞的創作高峰期是在 1585 年到 1610 年這段時間，但是確切的日期我們已經無法知曉。他的很多作品都是在倫敦的「環球劇場」上演的，1613 年劇場被焚毀，現已重建。

這是我自己獨有的憂鬱，由許多單一的事情混合而成，從許多物體中提取出來，事實上，我在旅行中得到的各式各樣的觀感，因為我經常反反覆覆地沉思，我終於被一種十分滑稽的悲傷所纏繞。—— 莎士比亞

我好幾次來到莎士比亞的故鄉，從不同的方向接近它，但每一次都是在利明頓（譯者注：英格蘭中部一座自治城市，位於瓦立克東北部。它是一個有礦物溫泉的療養勝地）落腳。也許這是議會法令的要求 —— 我真的不知道；不管怎樣，我已經不再以卵擊石了，而是溫順地接受了我的命運。

利明頓看起來主要受三方統治 —— 管家、馬夫和園丁。你可以聽到鑰匙的叮噹聲、揮動的馬鞭聲和剪草機的卡吱聲；你突然會感到一陣冷冷的、暗暗的恐懼 —— 一種半帶瘋狂的、逃跑的衝動把你占據。幸虧你又想起了自鳴得意的現代生活方式，然後你飛奔去玩「小圓盤進杯子」遊戲，或者去打「短柄牆球」。

電車就在門邊 —— 外面車費是一便士，裡面是兩便士 —— 我們很快就安全了，因為我們到了利恩河和埃文河交界的地方了。

瓦立克值得一遊。因為在這裡我們可以看到莎士比亞看到過的場景，我們的歡樂來源於他的眼睛看到的東西。

在米爾街的盡頭，是連接班布裡的舊哥特式橋的遺跡。我經常借母親的雙腳前往班布裡十字酒店，而當我看到那塊招牌和指路的手指狀標牌，我卻想要離開，逃離此地。在橋的不遠處，我們看到了幾層高的老瓦立克城堡，隱蔽地安身於舞動的樹林中，而旁邊的愷撒塔聳立在一大片的綠林中。

周圍全都是離奇有趣的老房子和老商店。紅瓦的屋頂，小小的窗戶，

帶著菱形窗格，懸在鉸鏈上，漂亮的少女從上往下望著身披甲冑的勇士。匆匆忙忙的馬蹄曾叮叮噹噹地響徹這些狹窄的石街，並發出迴響；保皇主義者和國會議員曾走過這裡，全軍以赴，敲著鼓，打著旗；王族到訪、郵車經過，市場交易、巡迴審判和君王法庭，這些都曾經在此引起轟動。柯爾布蘭帶著巨人棒，蓋伊爵士（譯者注：蓋伊爵士是傳說中的英國勇士，曾殺死巨人柯爾布蘭），理查‧納維爾，國王擁立者，還有他的野蠻的隨從人員，都踏步從這裡走過，曾在這條河裡飲馬，在那邊的河岸紮營，或者擠在這個城堡的院子裡。當威廉‧莎士比亞，來自八英里遠的斯特拉特福德的年輕人，來到這裡，揮動魔棒時，他們又全回來了。

　　瓦立克城堡現在的狀況可能要比十六世紀時更好，但幾乎是一樣的。它是英國唯一每晚十時拉下吊閘、每天早上（如果海岸正好是晴天）敲鑼打鼓拉起吊閘的城堡。

　　參觀城堡要花費一先令。一位身著一塵不染的制服的英俊老兵，留著上了蠟的鬍子，帶著懸垂的劍，引導遊客們。我們走的時候，他向我們透露了價值足有兩先令的事實。他說話時帶著很重的捲舌音「r」，因為他是參加過戰爭的人。

　　城垛上長長的外廓，巨大的扶牆，帶角的入口切穿堅硬的岩石，彎曲著，非常陡峭。當年戰士們可以埋伏在這裡的一些地方出擊，所有一切都是當年莎士比亞知道的情景。

　　有一些十字軍戰士從東方帶來的黎巴嫩雪松，尖叫的孔雀在鋪好的庭院道路上走著，在大廳可以看到傳說中的蓋伊的寶劍和軍服，「擁立國王者」的權杖，克倫威爾的頭盔，以及在利奇菲爾德喪生的布魯克爵士的盔甲。

　　莎士比亞親眼目睹這些事情，這一點不容置疑。但他是某些節目才過來看熱鬧的鄉下人，看得目瞪口呆。我們知道這一點，因為他用多姿多彩、孩子氣的想像力蓋住了一切，未能感知這些自私的、壯麗的殘酷的諷刺性。如果他是從內心發表看法，他可能不會讓他的國王們高貴，也不會讓他的王子們大方；因為爭鬥的重壓會使他的笑聲停息，那些眼花繚亂的影像會從他的腦海中逃逸。但他的想像比事實帶給我們更好的享受。

　　莎士比亞向我們展現了許多城堡，但它們總是與瓦立克或肯尼渥斯的城堡景色不同。當他描繪馬克白的城堡時，他的內心之眼看到的是瓦立克：

> 城堡座落的位置舒適宜人，
>
> 輕盈而甜美的和風吹拂著，
>
> 引起我們的柔情萬丈。
>
> 夏日的客人，是那
>
> ── 巡繞廟宇的燕兒，
>
> 在此，築下了牠們的愛巢，
>
> 就連牠們也得承認，
>
> 這裡的空氣有著誘人的清香；
>
> 簷下梁間、
>
> 牆頭屋角，
>
> 鳥兒到處安置吊床與多產的搖籃：
>
> 凡是牠們生息繁殖之處。
>
> 我察覺到，
>
> 空氣，總是那麼的新鮮美妙。

從瓦立克走五英里（如果你相信計程車夫，則是十英里）是肯尼渥斯城堡。

1575 年，莎士比亞十一歲的時候，伊莉莎白女王駕臨肯尼渥斯。我不知道她是否計畫途經利明頓。但她從 7 月 9 日一直呆到 7 月 27 日，每天都有一些重要活動，經常邀請自耕農們。約翰‧莎士比亞是瓦立克知名人士，很可能他也接到了邀請，他駕著車和他的妻子瑪麗‧阿登一起前往，她坐在前座，抱著嬰兒，其他七個孩子則坐在後面的稻草上。我們可以肯定，孩子當中最大的男孩永遠也沒有忘記這一天。事實上，在《仲夏夜之夢》中，他從記憶中喚回了當天的部分情景。伊莉莎白當時四十一歲，但顯然很迷人，也伶牙俐齒。毫無疑問，肯尼渥斯當時的富麗堂皇是驚人的，如果你從它的書架上取下沃特爾爵士的小說來閱讀，你可以有所收穫。但是今天它變成了一堆塌落的碎片；常春藤、烏鴉和穴鳥占據這塊地作為自己的領地，為了獨占此地而爭鬥不休。

從瓦立克到斯特拉福特走直路是八英里，沿河流走則為十英里。兩條路我都走過，感覺沿河流走更短一些。

沿河流往下走兩英里是巴福特，再走一英里是瓦斯普爾頓，那裡有古怪的舊石教堂。這是一個休息的好地方：因為沒有什麼比這更能讓人寬心。涼爽的教堂，暗淡的燈光穿過彩色窗戶透射出來，某個看不見的地方傳來輕柔的風琴彈奏聲。離開教堂不久，一位鄉村小夥子向我打招呼，跟我借個火。煙管和維吉尼亞煙草 —— 它們在全球都意味著友好。如果我有什麼問題要問，現在正是時候！因此我就問了，鄉村小夥子告訴我漢普頓魯茜離這只有一英里遠，並說莎士比亞根本從未偷過鹿。因此我希望我們再也不要聽到這個中傷的指責了。

「但是莎士比亞逃跑了？」我問道。

「他當然逃了，先生；幾乎所有好人都會在某個時候逃跑的。」

仔細地想想，鄉村小夥子說的是對的。

大多數偉人在某個時候都曾匆匆忙忙地離開，沒有留下囑咐要把他們的郵件轉到哪裡去。事實上，似乎一個人至少要「逃跑」一次，為了以後出人頭地。摩西、羅德、塔爾奎、伯里克里斯、狄摩西尼、聖保羅、莎士比亞、盧梭、伏爾泰、戈德史密斯、雨果——人名多得列不完。

假設莎士比亞沒有逃跑會怎麼樣？那他的確逃跑了要歸功於誰呢——沙婁法官還是安‧海瑟薇，還是他們倆？我會說首先是安，其次是法官大人。我覺得，如果莎士比亞給《女士家庭雜誌》就「幫助過我的女人」寫一篇文章，把整個真相說出來（因為沒人曾白紙黑字寫過），他會把安‧海瑟薇放在首位。

他十八歲的時候簽了婚約，同意和她結婚，當時她二十六歲。沒有找到該婚姻的紀錄。但我們應該抱著感恩之心想起她，因為毫無疑問，是她把小夥子趕到倫敦去的。

我就是這樣跟我新認識的朋友講的，他同意我的看法，因此我們握了握手就分開了。

查勒科特就像夢中的天堂一樣美。蜿蜒的埃文河，河水已滿岸，它懶懶地繞行，穿越肥沃的田野和綠色的牧場，經過查勒科特宅邸的明亮紅色磚瓦。河岸兩邊排列著燈芯草，在一個地方，我看到有鹿在用角刺更年長的鹿。我發出一聲尖尖的口哨聲，並用棍子往那個方向一刺，然後就跑出來四頭漂亮的鹿，邁著優雅的步伐，慢悠悠地穿過草坪。這一場面把我偷獵的本能激了起來，但我抑制住衝動，繼續往前跋涉，最後來到一個小教

堂，它建在莊園的入口處。

　　英國所有的宅邸、城堡和監獄都有附屬的小禮拜堂或教堂。這樣很好，因為在過去的好日子裡，與來世保持親密交流是明智的。因為經常是匆匆忙忙通告一下，驕傲的王子王孫就被迫倉促地帶上鬼世界的小提箱，把他自己還有破碎的靈魂一塊帶走；如果他自己沒有走，他便強迫其他人走，除了畜生誰又會未經牧師的神典就殺死一個人呢！因此每一塊地產都會長年不斷地雇用自己的牧師，就像熱衷於打官司的人，持續不斷地付費保留住律師一樣。

　　查勒科特教堂有一塊湯瑪斯・露茜爵士的紀念碑；上面有一段閃閃發光的碑文，完全推翻了《溫莎的風流娘們》中的那些嘲弄、誹謗的影射。在紀念碑的底部有一行文字，大意是說，此碑文是由唯一知道事實的人，即湯瑪斯爵士本人寫的。

　　教堂墓地有幾塊碑文值得你記錄在備忘錄上，約翰・吉布斯和妻子的墓碑上的文字把我吸引住了，因為我覺得講的是真話：

　　驕傲、虛榮、虛偽、背信棄義的世界，再見！

　　對你，我們已經看厭：

　　你對我們說三道四，胡攪蠻纏，

　　我們毫不稀罕！

　　當查勒科特宅邸建成的時候，舉行了喬遷慶典，「好女王貝絲」（譯者注：亦譯為伊莉莎白一世，英格蘭歷代最偉大的君主之一。1558 年至1603 年在位）非常隆重地駕臨；我們可以看出她曾多次駕臨這些地區。但是我們沒有證據說明，她知道這裡還住著一個叫威廉・莎士比亞的人。不過，她來到查勒科特，吃了鹿肉，可惜的是，她後來沒有和莎士比亞在倫

敦相會，談談這件事！

　　有人很倉促地提出一種看法，大意是說，詩人只能在山間鄉村產生，他們可以在那裡眺望山脈。岩石和溝壑，懸崖峭壁，歡唱的瀑布，高地上，閃電在那裡玩耍，薄霧在那裡盤旋，這些當然是詩歌的好題材 —— 不過你要先逮住你的詩人 —— 但大自然並沒有理會這些規則。還是這樣，是人情趣味給藝術增加了活力 —— 他們認為忽視人是不對的。

　　莎士比亞之前的德雷頓（譯者注：1563～1631，英國詩人）稱呼瓦立克為「英格蘭的心臟」，如今它仍然是英格蘭的心臟 —— 富裕、肥沃、悠然。我在查勒科特看到的一大群野兔，看起來胖得都跳不起來了，更不用說和坐在太陽下眨眼睛的獵犬們玩什麼花招了。往斯特拉福特的方向，途中有一些平坦的島嶼，被莎草所覆蓋，長長的一排排垂柳，低矮的榛樹，山楂樹，還有「長著綠綠的燈芯草」（譯者注：美國民歌）的地方。如果有農夫留下一塊地沒有耕種，犬薔薇將搶先占領該地，將它的花瓣鋪天蓋地地散在飄動的風中。繡線菊、勿忘我和野天竺葵，依偎在強健的紫杉樹的大枝條下。

　　我們到了斯特拉福特之後，第一眼看到的是聖三一教堂（編注：莎士比亞的安葬地）的尖頂；然後看到了新的紀念劇院的塔樓，順便說一句，它非常像科羅拉多的「死馬點」的市政廳。斯特拉福特就是另外一個尼加拉瓜瀑布村。同樣的商店，同樣的導遊，同樣的計程車夫 —— 都在這裡，除了可憐的「羅」，還有他的珠飾品和擦木。事實上，一位「計程車夫」就在「新宮」外面主動提出帶我去漩渦那裡和加拿大的一邊去，只要一美元。至少，這就是我認為他說的話。當然，幾乎不可能我是在做白日夢，不過我認為事實上是他打了個盹，我經過時他突然醒過來，然後給了我錯誤的暗示。

有一個馬克白車馬出租所，一個福斯塔夫（譯者注：莎士比亞的國王劇《亨利四世》中的人物）麵包店，所有的商店和店鋪都叫奧賽羅某店或是哈姆萊特某店。我看到歐石南木煙管，莎士比亞的臉刻在煙斗上，只要一先令六便士；還有羽毛扇，折起來的部分印著寫給演員的名言警句；還有寫著莎士比亞「人生七大階段」內容的手帕；大量的勺子紀念品，所有都是有質保的「郭爾罕精品」。

到莎士比亞出生地拜訪的遊客會聽到令人愉快的小小的演說，然後就會看到各種各樣的紀念物和古玩。經營小店的年輕女士都是聰明的人，聲音很悅耳，穿著大大的、漿洗過的白色圍裙。我在斯特拉福特待了四天，去過同一家老古玩店四次。每一次都是這個歡快的英國女孩接待我，向我講述她的故事，但總是講得生動活潑，而且對於她的使命帶著某種甜美的滿足，她的漿洗過的圍裙也非常迷人。

沒有哪個男人可以一遍又一遍地講述同一個故事，而不會突然到某個時候顯露出他的厭煩，然後他就會把整件事情潑上輕視的味道；但是一個好女人 ── 願上天保佑她 ── 總是能熱心於讓別人滿意。每一次我們看到那個上面印著「裘蒂絲·X·莎士比亞」記號的證明檔，她都告訴我，很可能裘蒂絲會寫字，她只是為了好玩開玩笑，才把她的名字這樣印的。

約翰·莎士比亞不會寫字，我們沒理由假設安·海瑟薇（Anne Hatha-way）也會寫，這樣一個關於他女兒的小小的解釋非常巧妙，可以與另外一個令人愉快的托詞「奇蹟的時代已經過去」相提並論；或者是那句在快樂的印度廟宇看到神聖狒狒的討好話：「他們會說話，」牧師們解釋說，「但他們很聰明，從來不說。」

裘蒂絲和湯瑪斯·奎尼結了婚。唯一可以找到的、寫給莎士比亞的信

是湯瑪斯快樂的父親理查‧奎尼發出的，他要借三十英鎊的債。他是否借到了我們並不知道；如果他借到了，是否還了，也是個引起熱烈討論的問題。但值得注意的是，儘管對於其他的莎士比亞遺物的真實性存在很大的懷疑，詩人對於理查‧奎尼的這一筆借款感到「吃驚」這件事，可以認真地說，是大師生涯當中一件無可爭議的事實。奎尼先生寫那封信的時候，根本沒有想到，他寫了一封將流芳百世的信。慈善家給別人錢而贏得一切，但除了奎尼之外，有誰能透過要錢流芳百世呢？

莎士比亞的碑文內容是，如果做什麼什麼會有回報，如果不做什麼什麼就要受懲罰，都是用精選的打油詩。他為什麼不拜在湯瑪斯‧露茜門下，自己寫碑文呢？

我寧願猜測，我知道為什麼他的墳墓沒有標上他的名字。他是個演員，教堂的人要是想到，在那個神聖的高壇埋葬這樣一位「巡遊的演員」，他們可能會義憤填膺的。但是莎士比亞的女婿約翰‧霍爾醫生尊重這個偉大的人，決心要讓他有一個相稱的長眠地；於是在三更半夜，在幾個可信任的朋友的幫助下，他挖好墳墓，將英國最偉大的兒子的遺骸放了下去。

接著他們匆匆忙忙地換了石頭，在墳墓上他們放了一塊帶來的石碑：

「親愛的朋友，看在耶穌基督的份上請不要挖掘這裡的遺骸，祝福那些不動這裡石頭的人，詛咒那些挪動我屍骨的人。」來自於鬼魂的威脅。哈，沒有人敢騷擾那個墳墓 —— 此外他們也不知道是誰埋在這裡 —— 我們也不能完全肯定。埋葬多年之後，有人立了一個詩人的半身像，還有一塊牌匾，掛在墳墓對面的牆上。

在一些特定的場合，如果時機需要，我可能會鼓起勇氣鄭重其事地發

表幾句看法；但考慮到每年上萬個美國人到訪斯特拉福特，每個人都會描述這個地方，我面對《旅行指南》不敢這樣去做。除此之外，在每一個圖書館都有華盛頓‧歐文、霍桑和威廉‧溫特爾寫的三本感傷而迷人的書。

但是我很高興地記得，發現斯特拉福特並讓世人知曉的「哥倫布」是一名美國人；我很自豪地想，美國人筆中的莎士比亞是如此的迷人；我很自豪地了解到，在斯特拉福特，除了大師本人之外沒有人像歐文那樣受人敬重，而想到我們的英國表親的時候，我忍不住替他們感到臉紅。我很自豪，在莎士比亞出生地的遊客，一半是美國人，更自豪地記得，他們所有人都給家鄉的報紙寫有關埃文河畔的斯特拉福特的信件。

在英國，詩人歸屬於「詩人角」。土地及土地的肥沃屬於能殺戮的人；在這塊岩石上建立了英國政府和教堂。

當遊客第一次接近倫敦市的時候，他們可能會被四塊紀念碑吸引注意力，它們在霧、煙和煤煙中聳立，似乎在掙扎著伸向藍天。

其中一塊紀念碑是紀念一場空前的大難 —— 1666 年的大火災 —— 其他的都是紀念戰爭事件。

聖保羅最漂亮的紀念碑是紀念一位知名的愛爾蘭人，亞瑟‧韋勒斯利。地球的礦藏和石材被召喚做出它們最大的貢獻；才能和技能使他們製造出這個不朽的美麗之作，並向子孫後代講述這一位偉大人物的豐功偉績。而威靈頓墓陵的罕見的富有、奢侈的美，只有法國的一個墓地能夠超過。

作為一名掠奪者，「科西嘉人」（譯者注：拿破崙的綽號）做這件事做得有點過火 —— 因此全世界都起來抑制他；但是當他安全地死去之後，他的墓地豪華得完全可以自誇，去巴黎的英國人會拒絕去看它。

　　但是英國也沒必要感到羞愧。她的土地釘滿了閃閃發光的紀念逝去偉人的紀念碑。在這些紀念碑上人們經常可以了解到遺骸躺在下面的人物的簡略的生平。

　　在康華里爵士（譯者注：1738～1805，美國獨立戰爭中指揮北卡羅來納州士兵的英國軍事和政治領導。1781年在約克郡投降標誌著英國的最終失敗）帶雕刻的大理石上我讀到，「他透過大量殺戮打敗了美國人。」因此在英國無論在哪裡看到一塊漂亮的紀念碑，我知道碑文上很可能就會說「他打敗了」某個人。人們會逐漸認為，女人的榮耀在於她的頭髮，而男人的榮耀在於打敗某個人。如果他「透過大量殺戮打敗」，那他的紀念碑要比只是對他的兄弟們做了些平常事的人高出一倍。

　　實際上，我的一位偏愛統計資料的朋友告訴我，所有英國高於五十英尺的紀念碑都是紀念「透過大量殺戮打敗」他人的人。唯一的例外是阿爾伯特紀念碑（譯者注：維多利亞女王為其夫阿爾伯特所建的紀念碑）—— 這是妻子深愛的禮物而不是公共的證明，因此不需要在這裡考慮 —— 還有一塊紀念碑是紀念一位去世時留下三十萬英鎊，用於慈善事業的可敬的釀酒商。我向朋友提到這個事實，他推翻了我的看法，宣稱，謙遜禁止在紀念碑上刻上真相，事實上，這位釀酒商也打敗了無數人，並且像掃羅一樣殺戮了成千上萬人。

　　當我到環球劇場所在地參觀的時候，在那裡發現了一個釀酒廠，該廠的股份可以獲得保證，可以確保所有權者超越貪婪之夢，我感到非常沮喪。在我的童年，我曾想過，如果我有朝一日來到莎士比亞的劇作首次上演的地方，我會看到一個美麗的公園和壯麗的紀念碑；有位白髮的族長會歡迎我的到來，然後對著集中的朝聖者發表一個簡短的演講，談談這位偉大的人，他的腳步使我們腳上的土壤變得神聖。

沒有公園，沒有紀念碑，沒有白髮老詩人歡迎你 —— 只有一個釀酒廠。

「哎，哥兒們，它不是很大嗎？」一位聽到我的咕噥聲的英國人抗議說。

是的，是的，我必須說實話 —— 這是一個很大的釀酒廠，在庭院和路上有四個大牛頭犬；有許多大大的酒桶，還有穿著大圍裙的個子高大的工人。這些工人每人每天獲准免費喝六夸脫（譯者注：容量單位，1 夸脫等於 1/4 加侖，約 1.14 升）的啤酒，這證明人性並沒有消亡。還有拉著大馬車的高頭大馬，在角落還有一個大大的酒館，渴了的人可以到這裡用大大的杯子喝酒。釀酒廠的建造者變得非常有錢；如果我的喜歡統計的朋友是對的，這些巨大酒桶的主人們透過「大量殺戮」打敗了人類。

我們已經看到，儘管拿破崙作為失敗者，還是有著比勝利者威靈頓更豪華的墳墓，值得安慰的是，儘管英國沒有紀念莎士比亞的紀念碑，他現在還是可以盡情享受極樂世界的自由；而自從撒母耳·詹森擔任斯拉爾財產的執行人之後，餵飽和養肥可憐人類對於酒的欲望的英國名人們，他們的現存地址無人能知。

我們得到一位可靠的英國人的授權，列出他說的這段話：「提升英國名人境界的最基本、最特殊的美德，剝奪了這些不幸的所有者們進入天堂的機會。不管是哪位大法官大人，或是市長大人，或是議員大人，或是獵狐隊的隊長，或是常駐倫敦塔衛兵，或者是任何英國的要人們，只要他們是來自於英國的官僚機構，太陽在那裡永不落下，沒有哪一個進入了極樂世界。這是他們唯一力不能及的光榮。」

以上文字的作者是一個可敬的人，我相信，如果他沒有事實依據，不

會發表以上的看法。因此，就目前而言，我會容許他繼續去認識，相信他會在適當的時間拿出他的證據。

但是，即便如此，難道英國不應該給莎士比亞立一塊合適的紀念碑嗎？他是她的一個世界公民。他的名字在地球上珍視書籍的每一個學校或大學都受到敬重。各個地域的學者無不從他那裡受益。

他生在英國，他從來沒有走出英國，他的遺骨在英國長眠。但英國的財政從來沒有支出過一個英鎊，以幫助保護她那唯一使全世界人脫帽致敬的兒子的記憶不受侵犯。

維克多‧雨果曾就此事說過一段話，大意如下：

幹麼給莎士比亞建造紀念碑？

他就是他自己的紀念碑，英國就是碑的基座。莎士比亞不需要金字塔，他有他的作品。

青銅或者大理石能幫他做什麼？孔雀石和雪花石膏沒有什麼用處；碧玉、蛇紋岩、玄武岩、斑岩、花崗岩，從帕羅斯（譯者注：希臘東南部的帕羅斯島，著名的白色大理石產地）運來的石頭，從卡拉拉（譯者注：義大利北部一城市，位於熱那亞東部利古裡亞海沿岸，以附近出產米開朗基羅所喜愛的白色大理石而聞名）運來的大理石 —— 它們都是白費辛苦：天才不需要這些也可以。

有什麼能和這些一樣不可摧毀：《暴風雪》、《冬天的故事》、《凱撒大帝》、《寇里奧蘭納斯》？有什麼紀念碑比《李爾王》更莊嚴？比《威尼斯商人》更嚴厲？比《羅密歐與茱麗葉》更光彩奪目？比《理查三世》更惹人注目？

什麼月亮可以透出《仲夏夜之夢》的月亮散發的神祕之光？什麼樣的

首都 —— 就算是倫敦 —— 可以讓馬克白不安的靈魂那樣激狂地圍著它隆隆前行？什麼樣的雪松或橡樹的框架能夠像《奧塞羅》一樣持久？什麼樣的銅像能與《哈姆萊特》的銅像相提並論？

　　石灰或是岩石，鐵或者水泥的建築物比不上天才的深呼吸，這是上帝透過人類發出的呼吸。什麼樣的大廈能比得上人的思想？巴別塔（譯者注：在《舊約全書》中希納的一個城市，當建築者們不能理解彼此之間的語言時，通天塔建築被迫中斷了）沒有以賽亞書（譯者注：西元前8世紀的希伯來的預言家）高貴；基奧普斯金字塔比荷馬更渺小；羅馬圓形大劇院和尤維納利斯（譯者注：古羅馬諷刺作家，其作品譴責了古羅馬特權階級的腐化和奢侈）相比不值一提；塞維爾的吉拉爾達塔在賽凡提斯面前矮如侏儒；羅馬的聖彼得教堂不及但丁的腳踝。

　　什麼樣的建設師能建造和莎士比亞的名聲齊高的塔樓？如果你想得到，你可以算上任何東西！那樣的話，幹麼要給莎士比亞建造紀念碑？

　　我回答，不是為了莎士比亞的光耀，而是為了英國的榮譽！

第十三章　威廉·莎士比亞

第十四章　湯瑪斯・愛迪生

湯瑪斯・愛迪生（Thomas Edison, 1847～1931），美國發明家、商人，一位開發出很多重要設備的人，被報紙記者授予「門洛派克的奇才」的稱號，他是世界上第一個利用大量生產原則和工業研究實驗室來生產發明物的發明家。愛迪生被視為當代發明最多產物的人，在他名下計有一千零九十三項專利。

我們的頭腦無法設想人類在二十世紀會用那些閃電來做些什麼。
—— 湯瑪斯‧愛迪生

幾年前，在俄亥俄州通過了一項法律，任何未學過法律，未以正當的方式進入律師界的人，沒有資格擔任地方官員。沒有學過法律的人被認為缺乏正義感。這一項法律純粹是為某一個人設計的 —— 托萊多的撒母耳‧鐘斯。以前可曾有過叫鐘斯的獲過這樣的榮譽？

在雅典，古代的雅典，曾經通過一項法律，宣布父母當中有一個是外國人的人，不是公民，因此沒有資格擔任公職。

這一項法律是針對某一個人 —— 西米斯托可斯（譯者注：雅典人建立海軍後，他領導新艦隊在塞拉米斯戰役中戰勝波斯人）。

「那麼你是外國人？」有人奚落地嘲笑西米斯托可斯的母親。

這位希臘婦女自豪地回答：「是的，我是外國人 —— 但我的兒子是西米斯托可斯。」

前幾天，在百合谷，一位婦女告訴我，她和愛迪生的母親談過話，說道：「我的確是一名加拿大老師，在那個時候，很少有婦女教書，但我是你們叫他湯瑪斯‧愛迪生的人的母親。我學習、閱讀、寫作，自攻學位。我有遠大的抱負 —— 我渴望學知識、行動、有所作為。但我在一個志趣不相投的環境下受到阻礙，被捆住手腳。我的身體掙扎著要擺脫束縛，因此我變得虛弱、焦慮、不舒服，然後就去世了，留下我的兒子獨自去奮鬥。我離開人世時唯一的遺憾是，我要離開我的兒子了。我覺得婚姻使我失去了事業 —— 犧牲了我自己。但我的兒子繼承了我所有的對知識的渴望，他已經實現了我只是模模糊糊夢見的東西。他把我只是猜測的東西弄得清楚明白。我曾經認為我的一生是個失敗，但現在我知道『失敗』這個

詞只適用於愚蠢的凡人。在宇宙的意義上說，沒有『失敗』這樣的事。」此時我想起，似乎某人曾經說過，我們沒有腦子，就沒有頭腦。但我們這時頭腦只是作為媒介，否則這個所謂的來自精神王國的資訊不可能屬於我們。因此我們現在不必再糾纏於討論這個精神現象，而是繼續忙其他事情。百合谷的婦女還是說出了一些東西。

愛迪生出生於俄亥俄州的米蘭小村，離諾沃克六英里，在克利夫蘭和托萊多之間的路邊。

南北戰爭爆發的時候，男孩只有十四歲。他的父母搬到了加拿大的薩尼亞，然後又搬到對面的休倫港。

年輕的愛迪生經常乘坐客船去底特律，並在船上賣報紙。他贊同《底特律自由報》的立場，加上他總是喜氣洋洋，樂於幫助乘客們照顧嬰兒和行包，因此他可以在所有鐵路和蒸汽船線路上免費通行。

底特律有一個公共圖書館，所有人都可以去那裡閱讀，但書不能帶走。

愛迪生將所有的時間都花在圖書館裡，對他來說這就是座金礦。他母親所有的書都被賣、被偷走或是被送走了。

喂，有書的各位！你知道，書對於一個渴望了解真理而沒有書的孩子來說，意味著什麼嗎？

你當然不知道！

對於年輕的愛迪生來說，書就是無主的珍寶，裡面貯藏著有史以來所有偉大、善良和聰明的人的學問。

男孩必須要讀下去，並且苦讀了十年，最終發現書其實也不算什麼。

但愛迪生看到圖書館裡面的藏書時，別人告訴他可以讀裡面的任何書

或是全部的書，他說：「勞駕，先生，我想從這裡開始讀。」然後他抓住第一個書架，腦子裡決定，從這裡開始每次讀十英尺寬的書。

此後不久，他在一個拍賣會上買了五十本《北美評論》，把書搬到他在休倫港的家，並開始閱讀它們。

戰爭還在進行當中 —— 報紙每份賣到十美分，生意很好做。

愛迪生賺了些錢，也存了些錢。他全部投入到書本當中。

在芒特克萊門斯（譯者注：美國密西根州東南部城市，位於底特律東北。因礦泉水而成為療養勝地），泉水那裡，聚集有許多人。年輕的愛迪生每週到那裡去賣報紙。

有一次去芒特克萊門斯的時候，他救了火車站管理人的小兒子，把他從開過來的火車前面救了出來。為了表示感謝之情，管理人把男孩帶到房子那裡，告訴他，來到芒特克萊門斯的時候，要把這裡當成自己的家；吃過晚餐之後，年輕人去了火車站；接著，管理人把他帶到售票窗後面，那裡電報機在一張長長的紙上敲著點和長劃。

愛迪生張口結舌地望著。

「你想成為電報員嗎？」管理人問道。

「當然想！」他回答說。

男孩已經在他的《北美評論》圖書館讀過這方面的內容，他對電報歷史的了解，比管理人還要多。

愛迪生當時在加拿大大幹線當報童，他安排好路線，以便每個晚上都呆在芒特克萊門斯。

幾個月之後，他敲鍵敲得和管理人一樣好。

此時，冰雪把休倫港和薩尼亞之間的電報線路弄壞了。電報員痛苦不堪，不知如何是好。愛迪生正好經過，並對當地的電報員說：「到這裡來吧，比爾，把這個引擎打開，我們把它弄好！」透過用汽笛的短鳴聲作為點，長鳴聲作為長劃，他們很快讓對面電報員聽明白了。他回答說：「你們這些傢伙到底在幹什麼？」愛迪生和另外一個電報員哄堂大笑起來，使得輪機員覺得他們腦子需要修理修理。

用汽笛發電報的方法是愛迪生的第一個發明。

愛迪生沒有去上大學，而是辦了一份報紙 —— 這是一種業餘愛好者的行為，他自己寫社評，寫新聞報導和廣告 —— 此時他只有十七歲。

成為一名熟練的作者的最好的辦法是寫作；如果還有比行動更好的學習辦法，在這個世界還沒有找到。

此外，對於一個即將成為金融家的年輕人來說，如果有比擁有一個無能的父親更好的優勢，從來沒有過這樣的紀錄。

十九歲的時候，愛迪生賺到了兩千美元的現金 —— 他的父親從來沒有見過這麼多的錢。

大幹線的人發現，以前的乘車男孩會發電報，因此他們叫他幫忙，整條線路的人都這樣做。接著西部聯盟想招聘更多的熟練電報員，年輕的愛迪生獲得了雙倍的薪水，到新奧爾良工作，那裡嚴重缺乏電報員，南方的電報員大部分都死了，北方的又不想到南方生活。

因此愛迪生從北邊走到南邊，從東邊走到西邊，不斷地加快步伐。他仔細地研究了電報科學，並看出電報可以改進。一條線路每個時間只能發一條資訊，這太荒唐了 —— 為什麼不能發兩條或是四條，為什麼不能同時雙向發資訊？

當時大家都知道電是流動的：愛迪生知道得更多 —— 電只是使得電線變得敏感。

愛迪生在同事間名氣越來越大。他什麼都讀過，當他敲鍵沒那麼忙的時候，他的手裡拿著一本吉本的《羅馬帝國興衰史》。他的手敲擊起來就像銅板印刷那麼快，「接收」和發送的最快速度一樣快。而到「發送」的時候，他的速度使芝加哥引以為豪的高手哭喊著不想做了。

西部聯盟需要一個特別能幹的人到阿爾伯尼去，立法機構在哪裡開會，愛迪生被派到了那裡。他拿起電報鍵，沒有看鐘錶一眼 —— 他便把那東西處理掉了。他筆直地坐在那裡工作了十個小時。

有一次，阿爾伯尼和紐約之間的線路突然中斷。經理很沮喪，在用盡一切已知的辦法之後，他找到了愛迪生。這位身材瘦長的年輕人找到了他在匹茲堡的一個朋友，命令紐約給匹茲堡的人發阿爾伯尼的電報。命令是「沿著河流往上尋找你的線路」。

然後愛迪生開始沿著河流往下尋找線路。

二十分鐘之後他告訴經理：「中斷發生在帕福基普席以下兩英里處 —— 我已經命令帕福基普席的區域老闆，用他的手搖車帶一個維修工人過去修理。」

當然，這個普通的電報員沒有權利下令給一個區域老闆；但不管怎樣，他就這樣做了。他就像芝加哥 —— 柏靈頓 —— 昆西鐵路公司的湯姆‧波特一樣承擔了責任。

阿爾伯尼之事過了不久，愛迪生來到紐約，並不是像有些人說的那樣在找工作，而是在華爾街四處探聽，調查「投票自動清點機」。他正在察看的機器突然停了下來，排著等待清點的投票都卡在那裡。他們派人去找

了一個專家，但專家無法啟動機器。

「我來修吧，」一位高高的、笨拙的志願者說，他就是愛迪生。

歷史並不清楚愛迪生有沒有「修」過這臺機器，而愛迪生到目前為止也沒有承認。

既然別人不能發動這臺機器，愛迪生便獲得了一次機會，很快，清點投票又開始了。這樣就把他自己介紹給了證券報價機的人，還有他已經認識的西部聯盟的人。

他研究出如何改進證券報價，併發明瞭一個他及時申報了專利的方法，然後把他的計畫放到西部聯盟經理們的面前。

一家證券公司成立了，年輕的愛迪生只有二十四歲，他的專利使他獲得了整整四萬美元，並被公司留作用電顧問，每月付給他三百美元。

1874 年，他二十七歲的時候，他完善了雙向電報設備，並在新澤西州的紐華科開了一家生產電報儀器和設備的工廠，雇傭了三百名工人。

1876 年舉行了費城百年紀念博覽會，愛迪生告訴博覽會經理，如果他們能再等大約一年，他會用電點亮他們的展覽。

他搬到了當時比較僻靜的門洛派克，致身於實驗當中，啟動時花了整整一萬元購買設備。但很快就有了結果，我們很快就有了白熾燈、電車、電筆和其他許多發明。1879 年 10 月 23 日的晚上，愛迪生第一次使電流穿過一個白熾燈，並獲得完美的燈光。他坐在那裡，看著柔和的、美麗的燈光，然後歡快地大聲笑了起來，隔壁房間的人都聽到了笑聲。「我們成功了，小夥子們！」他大喊道，而「小夥子們」，有十幾個人，他們跌跌撞撞地跑了進來。他們開始爭論，燈光能堅持多久。有一個人說一小時。「二十四小時，」愛迪生說。他們所有人都發誓要不睡覺看著它，直到碳膜

毀掉，燈光熄滅。燈光正好堅持了四十個小時。

愛迪生身邊成長起來了一大群偉大的工人——他們對於被稱為「愛迪生的人」感到自豪——其中一些人走了出去，為自己贏得了名聲和財富。

愛迪生出生於 1847 年。因此，寫這篇文章時他六十三歲。他個子高大，看起來比較笨拙，因為他的塵灰色衣服不合身，他走路時有一點駝背。他要衣服時就打電話索要。他的領帶總是向右斜，他的鐵灰色頭髮靠風梳理。在他天真無邪的臉上總是有著一種半帶嘲弄、快樂的微笑，有時又會變成一種哀傷而非常溫柔的表情。這張臉屬於一個曾背負重擔、了解憂傷的人，屬於一個經過巨大的努力才克服一切的人。我本想說，愛迪生看起來像一個羅馬皇帝，但我想起沒有哪個羅馬皇帝值得與他相提並論——甚至凱撒大帝也不行！這張臉是聖赫勒拿島的拿破崙的臉，未被征服時的臉。

這個人最突出的特點，是他的忠誠、希望、樂觀和勇氣。而無論何時，他的性格都是顯露在外面。

如果愛迪生是像洛克菲勒的商人，把自己的東西都留在自己的手裡，他今天會跟洛克菲勒一樣富有。

不過愛迪生身價還是有，就說兩百萬美元吧，每一個男人都應該值這個錢——這就是他需要的全部。但當今世界，至少還有一百個人比愛迪生有錢得多，而他們將自己想法完全用於發財，也只用於發財。

愛迪生對別人比較信任，而有一些人利用他的偉大、大方、慷慨、天真的精神而給他造成難以忍受的痛苦。但我聽過的他跟我說的最接近於抱怨的一句話是：「阿爾伯特兄弟，你寫的東西只有一件是真的！」

「噢，是什麼呢，愛迪生先生？」

「你說過，『還有一件事要比被人欺騙還要糟糕，那就是不信任他們。』現在人們都說我成功了，我也在某種程度上講成功了，這就是透過信任他人獲得的。有一些傢伙總是能明白我在做什麼——我信任他們——我向他們解釋東西，只是把我自己頭腦裡的東西整理出來。」

但是在這些人當中，有人利用愛迪生的錢和主意，把研究他的專利、利用他的專利當作了終生的生意，並且逃避法律，而一句話都不講！

從 1870 年到 1890 年，愛迪生獲得了九百多個專利，或者說每隔十天就獲得一個專利。但這些專利卻很少給他帶來直接的收入，現在他的計畫是進行發明，然後把這事當成一個祕密，只讓「家裡人」知道。

「一個主意的價值在於使用它，」他對我說，「你對某樣東西申請專利，另外的傢伙會和你站在一條起跑線上。你保守好祕密，你的機器已經在動了，而另外的傢伙還沒醒過來。專利可能能保護一些東西，但另外一方面他們只會做廣告。在布法羅，有一個大律師說，他能駕著四匹馬拉的大馬車穿過任何遺囑——我猜他能做到。所有的好律師都知道如何破壞遺囑和合同，還有些專家專門靠侵犯專利而獲得可觀的收入。如果你有什麼好主意，繼續往前走，發明一種使用這個主意的辦法，而你的過程要保守機密。」

愛迪生在西奧蘭治的工廠占地大約三十公頃，全都圍著高高的尖椿和倒勾鐵線。有兩千多人在圍欄裡面工作。門口有守衛，到訪來客就像敵人一樣受到挑戰。如果你想見某一特定的人，你不能進去看他——他出來見你，而你則坐在一個像紐約欣欣監獄探監室的地方。

對我來說卻不同：我有一張條子，可以使大門敞開。不過，一個警衛

挑剔地看了看條子，又挑剔地看了看我，然後走進迷宮式的大樓請示。當他回來時，經理和他在一起，並不斷責怪他。這位來自鄧恩郡的警衛拚命地為自己辯解，說：「噢，我怎麼知道是不是假冒的？不管怎麼說，我不會讓一個長成這樣的人進來的，哪怕他有威廉・塔夫脫 (譯者注：William Taft 美國第二十七屆總統) 的命令。」

愛迪生的工廠都圍在高高的圍牆內，並在嚴密的看守中。工廠包括四個分開和獨立的公司，每個公司都有自己的一套辦公室。愛迪生本人在每個公司都有著控股權益，其餘的股份由經理或者「家裡人」擁有。在他的幾個深受信任的朋友的幫助下，他非常自由。他們不僅能拿到豐厚的薪水，而且還能從利潤中分得一份收益，而利潤不是一個小數目。

這個地方的祕密得到保護，方法是堅持每一個工人只做一件事，並在一間房工作。不允許到處亂跑 —— 每個員工到某一特定的地方，整天就呆在那裡。如果發現待在別的地方就是不正當行為，愛迪生工廠的間諜們不會被槍決，不過他們都以最快的速度消失得無影無蹤。

為了補償對工人的嚴密約束，便給了他們額外的薪水，並且採用八小時工作制，因此從來不需要別人幫忙。

百分之九十九的工人只想要更多的薪水，不需要其他的了。晉升、提升和教育，他們從來不會去想。但對於少數的、的確有料的，愛迪生總是保持關注。他的地方真的是一所大學，因為了解人是一種教育。他散發出樂觀歡快的氣息，而他的活力感染了其他人。

有一位婦女想讓他給兒子寫個座右銘，愛迪生寫道：「永遠不要看鐘！」論點非常清楚 —— 把事情做好。

在愛迪生實驗室，看鐘是沒有用的，因為沒有一個鐘在走。這是這個

地方的經典笑話。幾年前愛迪生表達了他對喜歡看鐘的人的蔑視。現在每一個耶誕節，他的辦公室成員都會籌款給他買一個鐘，並以隆重的儀式送給他。他發表了一個以星雲假說為主題的演講，大家都很快樂。有一年，禮物是一塊著名英格索美元表，這位發明奇才給我看時充滿了自豪。有一個圖書館大樓用柵欄圍了起來，在這裡你可以看到大量的表，其中的一些肯定每個要值一千美元，全都靜默無聲。有一塊表上帶著漂亮的列印卡片，「不要看這個鐘 —— 它已經停了。」另外一塊寫著，「你可以看這個鐘，因為你不能讓它停下來！」它已經停了。

有一塊很雅致的鐘，在安放部件的地方放了一塊結實的木塊，但鐘面和金色的指針還完整無損。

不過，還是有一個鐘在走，滴答聲不同尋常地響亮，但這個鐘沒有指標。

愛迪生圖書館是一個巨大的建築物，帶有兩個樓座和無邊無際的書架。

建立圖書館的目的，是建立一個隨手可用的科學圖書館，涵蓋全世界的知識。實驗室非常完善，因為裡面有著人類知道的所有化學物質，都做好了標籤，編好類，編好索引。表面上看，愛迪生是最粗心、最漠然、最漫不經心的人，但事實上，他是這個世界很少有的全面的企業領袖。1891 年 3 月的《電子評論》稱，只要他想要什麼書，他遞給小職員一小張紙，五分鐘後書就到了他的手裡。在所有人當中，愛迪生明白，知識在於擁有一位能快速拔到東西的職員。在他的手上，卡片索引已經達到完美的程度。

愛迪生沒有私人辦公室，他在那個巨大的圖書館有一個辦公桌，但

1895 年以來從來沒在上面寫過一個字。「我不願驚動老鼠們。」他漫不經心地指著它說。

他很早就到了柵欄處 —— 經常是七點鐘，然後直接走到實驗室去，實驗室位於園區的中央。周圍都是高高的工廠大樓，帶著壓抑的工業的吼聲和哼唱聲顫動著。

愛迪生在實驗室工作，既放心又不受打擾，除非他自己邀請別人過來。他的大部分時間都花在化工大樓，一個只有一層的、低矮的建築物，從屋頂點著燈。它的地板是水泥的，有一些很簡單的傢俱，書架和桌子大部分是鐵的。「我們這裡隨時準備要發生火災和爆炸，」愛迪生半帶歉意地為房間的簡陋作解釋。

這個地方是曲頸瓶、壺、管子、虹吸管和微小的銅制機器的迷宮。在混亂當中立著兩把舊式扶手椅 —— 都是愛迪生專用的。一把可以坐在裡面，另一把用於擱腳，放書、墊子和紙。

他就坐在這裡，思考、閱讀或者沉思，或者講故事，或是把手插在衣袋裡慢吞吞地走來走去。愛迪生是喜歡享受無限悠閒的人。他有能力把所有的具體事務丟給其他人去做。在他的身邊，總是有一名穿著運動鞋的速記員在那裡。然後還有一名記錄員，只負責記錄每次實驗的結果，這些實驗在不斷進行當中，由六七個安靜而警覺的人負責，他們就像機器人一樣工作。「我試過一百萬種不可行的方法了 —— 我知道所有的行不通的方法。我透過排除進行工作，」愛迪生說。

當他馬上就要找到一個主意時，他可能在這裡工作，三天三夜不回家。他的妻子非常好，也非常偉大，使他完全不受打擾。在實驗室角落的一個小房間，有一張小小的帆布床和三條灰色軍用毛毯。他可以隨時睡

著，休息半小時之後，就能使他繼續工作下去。當他抓不住想法的時候，他讓腦細胞休息十分鐘，睡個好覺，然後起床繼續追蹤。

當他在追蹤一個想法，不想花時間回家的時候，愛迪生夫人偶爾會派人送飯給這個發明奇才。

有一天，飯送過來了，這時愛迪生的主意呼之欲出。沒有時間吃飯，但發明家覺得只要停止思考十分鐘，睡個好覺，他醒過來的時候，就會有足夠的腦力成功地扔出套索。因此他就往後靠了靠，把腳放在另外一張椅子上，然後睡著了。

總經理走了過來，看到桌子上放著飯，愛迪生正在睡覺，因此他就坐下來，開始吃飯。他把飯全吃完了，然後躡手躡腳地走出去。

愛迪生睡了二十分鐘，醒過來，看了看空盤子，脫下背心，拿出他通常抽的餐後雪茄，點起雪茄，帶著甜美的滿足感吐著煙圈，完全相信他已經吃過飯了；甚至在總經理走進來，說他沒有吃，並拿一美元和他打賭的時候，他還是認為自己吃過了。

這種淘氣的開玩笑的風氣充斥這個地方，而主人本人散發了這種風氣。愛迪生特別喜歡聽笑話，願意隨時停止工作來聽笑話。五分鐘的休息加上開懷大笑，使他的頭腦避免成為熱軸箱 —— 他得到了休息！

「你什麼時候度假啊，愛迪生先生？」一位女士問他。

「每個十一月的選舉夜，」他回答說。這基本上是真的，因為當晚會有一條接入奧蘭治俱樂部的專線，愛迪生拿起鍵，坐在那裡，直到白晝重新回來。用他那銅板印刷般的西部聯盟的手仔細寫出來。他現在對於他的書法非常仔細，就像在寫出火車行車命令一樣。

「如果我想活一百歲，我就不會抽菸或喝咖啡，」我們坐下來吃午飯時

愛迪生說。「但是你知道，我寧願做一點真正有用的工作，而不是活得久一點，而一事無成。因此我用我喜歡的東西去刺激和喚醒我的頭腦，有時使用咖啡和好的雪茄——請把火柴遞過來，謝謝你！將來某一天某個傢伙會發明一種聚集及貯存陽光的方法，而不是用這種老式的、荒唐的普羅米修士發明的火。如果別人想不出辦法，我自己來完成它。啊，我在電方面的工作全部都在這裡——你知道，我從來沒有宣稱自己發明了電——這是個競選謊言——我只不過是把它『釘住』了。」

「陽光展開的時候很稀薄，電也是這樣。也許他們是同樣的，但我們以後再做這件事。現在的訣竅是，你明白，把電聚集起來，然後在你需要的時候放出去。朱比特發明的舊式方法是透過打雷把它放出來，這樣很危險，使人不安，而且浪費。並不是哪裡都可以聚集到的。我的任務是把電流細分，把它變成大量的小燈光使用，要做到這一點，我必須貯存它。我們還並不是真正找到了把它貯存起來的辦法，真正輕鬆而低廉地把它釋放出來。嗯，我們只是剛剛開始做好準備，去找出關於電的祕密。透過燃燒得到能量的方法，讓我想起來就覺得難受——這樣太浪費了。這只是舊式的、愚蠢的普羅米修士的想法，而普羅米修士的父親是個狒狒。」

「當我們學會如何貯存電的時候，我們自己就不再是猿猴了；在此之前我們只不過是沒長尾巴的猩猩。你知道，我們應該使用自然的力量去獲得所有的能量。陽光是一種能量，風和潮汐是能量的表現。」

「我們用了嗎？噢，不！我們把木頭和煤燒掉，就像租客把門前的籬笆當作燃料燒掉。我們就像非法占有者，不像我們自己擁有這些財產。」

「將來肯定會到這樣一個時候，熱與能量可以無限量地貯存在每個社區，全部透過自然的力量聚集。電應該和氧氣一樣便宜，因為它不會被推

毀。」

「現在，我不是很有把握，但我的新蓄電池就是這樣的東西。我想告訴你有關它的內容，但我不想讓你聽得厭煩。當然我知道，對於大眾來說，沒有什麼比一個善意的謊言更有趣了。你知道，我做過新聞記者——過去還辦過報紙——事實上，真理和老訂戶曾對我的一篇社論反感，把我扔進了底特律河——就在那裡，我的耳朵變得有點聾了——什麼，不，我不是說我『靈』了——我變得『靈』是以另外一種方式獲得的。但關於謊言，你聽說過那個故事，說我抽著大大的、黑色的雪茄！對，故事是講，辦公室的小夥子們過去經常偷我的雪茄，因此我讓一名雪茄商給我做了一個煙盒，看起來就像我最喜歡的牌子，只不過我在裡面加滿了大麻纖維、馬毛和一點點阿魏膠（譯者注：一種褐色、味苦、氣味難聞的樹脂物質，取自傘形科阿魏屬的幾種植物的根，從前用以入藥）。然後我就把煙盒放在小夥子們肯定會伸手去拿的地方；但是看來雪茄商把他們都騙了，因此他們乾脆把煙盒放到我自己的私人存貨中，我抽著煙熏器，根本不知道有什麼不同。」

「整個故事就是人類的敵人發明的惡毒歪曲，為了譭謗一個善良的老電報員——請牢記住它！」

因此，就此證明，我已經牢記住它了，永遠地！

曾有一天，我寫了篇關於亞歷山大・洪保德（譯者注：Alexander von Humboldt, 1769～1858，德國自然科學家、自然地理學家、著述家、政治家）的文章。在文中除了別的內容之外，我寫道：「我們這個世界，圓得像一個柳丁，在兩極那裡稍微壓扁了一點，只產生了五個有學識的人。」

美國各地喜歡反諷的女士和先生們給我寄來明信片，請求我說出另外

四個人的名字。讓我們先把憤世嫉俗者放到一邊，讓他們享受自己的小幽默去，我們想吸引的是那些喜歡思考的人。

教育意味著進化、發展和成長。教育是可以比較的，因為沒有固定的標準——所有的人都比某些人知道更多的一些東西，「這些人」要比「那些人」知道更多一些。「我遇到的每一個人，在某些方面，都是我的老師。」愛默生說。但在歷史上，有五個人有著非常發達的頭腦，比其他的人進化得更遠得多，他們形成了自己的一個檔次，理應被稱作「有學識的人」。

我腦海裡想的是以下五個人：

伯里克里斯，雅典的建造者。

亞里斯多德，亞歷山大大帝的老師，世界上第一位博物學家。

李奧納多（譯者注：達文西，義大利文藝復興時期偉大畫家、雕刻家、建築學家），多才多藝——有史以來他做的事最多，而且都做得很好。

艾撒克・牛頓，數學家，對光進行了分析並發現了萬有引力定律。

亞歷山大・馮・洪保德，探險家及博物學家，懂得全世界所有的科學知識，自己出錢發行自己寫的限量豪華版圖書，賣三千美元一套。

牛頓和洪堡都是帶七又四分之三尺寸的帽子。李奧納多和亞里斯多德的情況不是很清楚，但伯里克里斯的頭又高又大，看起來像諷刺畫裡面的人物，而阿里斯托芬，生活在同時代的一個正派人，說伯里克里斯的腦袋看起來就像一個被坐過的南瓜。所有伯里克里斯的半身像都顯示他帶著頭盔——這樣是為了避免藝術家們認為是個畸形。普通的希臘人都是長著圓圓的、平滑的、大而重的腦袋，就像鮑威利（譯者注：美國紐約城曼哈

頓南部的一個區。在各種不同的時代鮑威利因酒吧、低級的罪犯行為和流浪漢而惡名遠揚）的酒吧侍者的腦袋一樣。

美國產生過兩名遠比其他人出色的人物，他們形成了自己的一個層次：班傑明·富蘭克林和湯瑪斯·愛迪生。

富蘭克林戴七點五的帽子；愛迪生戴七又四分之三的帽子。

人與人之間的區別在於腦力的不同。尺寸大小並不總代表品質，但尺寸和外表對於獲得能量是必要的，還沒有紀錄說，有人長著六點五尺寸的腦袋，卻在智力的海洋上弄出波紋。沒有腦細胞，你就得不到頭腦，如果有頭腦而沒有腦細胞，這樣的情況還沒有被證明過。腦子就是由數百萬個微小的腦細胞組成的蓄電池。

人的平均腦重量是四十九盎司（譯者注：美國度量衡制的一個重量單位，常衡等於 437.5 格令，28.35 克）。而洪堡的腦重量為五十六盎司，牛頓和富蘭克林的為五十七盎司。我們希望解剖家很多年以後才會有機會去稱愛迪生的腦重量，但當稱他的大腦時候，重量將會是五十七盎司。

猩猩的體重與人相似，但它的腦重量只有一磅，而人的有三磅。給一個大猩猩五十盎司重的腦，它就能當衛理公會的教長。如果給它一個和愛迪生一樣大的頭腦，就說五十七盎司吧，那麼它不會像那些可敬的猩猩習慣的那樣，到處找蛇，向猴子扔椰子度過一生。而是會用它自己的發明的秤盤去稱世界，而且測量星星之間的距離。

伯里克里斯的老師是溫和的阿那克薩哥拉（譯者注：Anaxagoras，古希臘哲學家，對日蝕做過正確解釋並相信物質由原子組成），他把所有的錢都給了國家，為了讓他獲得自由。國家的回報是砍了他的頭，因為共和國總是忘恩負義的。

　　亞里斯多德是柏拉圖的學生，他邊工作邊上大學，篩煙灰，洗窗戶和掃馬路。

　　李奧納多自學成才，就像蜜蜂採蜜一樣汲取知識，儘管蜂蜜在蜜蜂消化之前不是蜂蜜。

　　艾撒克‧牛頓是劍橋畢業生。他擔任過英國中央銀行鑄幣廠管事，為了讓自己不受到預想中的敵人對他不敬神的指控，他寫了一本關於希伯來預言的書，科學家們嘲笑他，但這使他與國家的關係穩固。牛頓是這裡提到的人當中，唯一對神學有所了解的，所有其他人在他們的時代，都是「不信教者」，將自己完全獻身於這個世界。洪堡從「挫折大學」中受教，從來沒有拿過大學學位。

　　富蘭克林是「挫折大學」的畢業生，愛迪生的母校也是這所大學。

　　我提到的這七個有學識的人展現出一種特別的特徵 —— 快快樂樂，對於快樂有著巨大的滿足感！他們都是好心的人：他們以生活為榮；他們熱愛還在地球的男人和女人們；他們享受生活當中的美好事物；深深地呼吸；香甜地睡覺，對未來無憂無慮。他們的工作格言是，「每個時候都有一個世界。」

　　他們都能夠笑得起來。

　　天才是一個偉大的快樂基金。

　　這些人當中的每一個，都給世界帶來了深遠的影響。正因為他們曾活在這個世界，我們的生活完全不同。基督教界的每個房子、學校、圖書館、工廠都因為他們的存在而受到觸動。

　　除愛迪生之外，他們都已經去世（譯者注：本書出版於1928年，而愛迪生卒於1931年），但他們的影響永遠不會消亡。所有這些人當中，沒有

誰像愛迪生那樣，給文明世界帶來如此多的影響。你在歐洲或是美國的任何窗戶望出去，你都可以看到他的思想的影響。你可以說，電科學已經超越了他，但朱比特兒孫們曾依賴於他。

　　他給了我們電燈和電車，給電話指了路 —— 這三件事給社會帶來了革命性的影響。雅典的頂峰時期是伯里克里時代，我們的時代將被作為「愛迪生時代」而被人銘記。

思想火炬，超越時代的知識人之旅：

莎翁 × 詩歌之父 × 四屆英國首相 × 發明大王 × 光之畫家……
與智者同行，一場跨時代的思想盛宴！

作　　者：[美] 阿爾伯特・哈伯德（Elbert Hubbard）

翻　　譯：秦搏

發 行 人：黃振庭

出 版 者：崧燁文化事業有限公司

發 行 者：崧燁文化事業有限公司

E - m a i l：sonbookservice@gmail.com

粉 絲 頁：https://www.facebook.com/sonbookss/

網　　址：https://sonbook.net/

地　　址：台北市中正區重慶南路一段六十一號八樓
　　　　　815 室

Rm. 815, 8F., No.61, Sec. 1, Chongqing S. Rd.,
Zhongzheng Dist., Taipei City 100, Taiwan

電　　話：(02)2370-3310

傳　　真：(02)2388-1990

印　　刷：京峯數位服務有限公司

律師顧問：廣華律師事務所 張珮琦律師

─ 版權聲明 ─

本書版權為出版策劃人：孔寧所有授權崧博出版事
業有限公司獨家發行電子書及繁體書繁體字版。若
有其他相關權利及授權需求請與本公司聯繫。

未經書面許可，不可複製、發行。

定　　價：299 元

發行日期：2023 年 09 月第一版

◎本書以 POD 印製

Design Assets from Freepik.com

國家圖書館出版品預行編目資料

思想火炬，超越時代的知識人之
旅：莎翁 × 詩歌之父 × 四屆英國
首相 × 發明大王 × 光之畫家……
與智者同行，一場跨時代的思想
盛宴！ / [美] 阿爾伯特・哈伯德
(Elbert Hubbard) 著，秦搏 譯 . --
第一版 . -- 臺北市：崧燁文化事業
有限公司 , 2023.09
面；　公分
POD 版
譯 自：Little journeys to the
homes of great men and
women.
ISBN 978-626-357-605-6(平裝)
1.CST: 世界傳記
781　　112013494

電子書購買

臉書

爽讀 APP

獨家贈品

親愛的讀者歡迎您選購到您喜愛的書，為了感謝您，我們提供了一份禮品，爽讀 app 的電子書無償使用三個月，近萬本書免費提供您享受閱讀的樂趣。

ios系統

安卓系統

READERKUTRA86NWK

| ios 系統 | 安卓系統 | 讀者贈品 |

請先依照自己的手機型號掃描安裝 APP 註冊，再掃描「讀者贈品」，複製優惠碼至 APP 內兌換

優惠碼（兌換期限2025/12/30）
READERKUTRA86NWK

爽讀 APP

- 多元書種、萬卷書籍，電子書飽讀服務引領閱讀新浪潮！
- AI 語音助您閱讀，萬本好書任您挑選
- 領取限時優惠碼，三個月沉浸在書海中
- 固定月費無限暢讀，輕鬆打造專屬閱讀時光

不用留下個人資料，只需行動電話認證，不會有任何騷擾或詐騙電話。